誰にもすぐ役に立つ

ビジネス日本語・文書の本

正確に・洩れなく・速く

人気カリスマ講師
神谷洋平
Kamiya Yohhei

さくら舎

はじめに

　自転車に乗れるようになるにはどうすればよいかというと、「練習」するしかありません。平泳ぎができるようになるためには、ただひたすらプールで「トレーニング」です。
『自転車の上手な乗りかた』という本を何度読んでも乗れないように、水泳も実技訓練なしに上達はあり得ません。
　本書は、世間に数多(あまた)ある文例を中心にした『ビジネス文書の書き方』本から一歩進めて、「仕事で書けるようになるためのトレーニング・ブック」としてまとめました。

▶書くのは苦手……

▶書くのは嫌い……

▶書けない……

▶書かない……

▶書きたくないけれど仕事上書かないわけにいかない……

▶メールを書くのは特に苦手……

こうした読者を想定して、「ビジネス日本語」習得トレーニングのための〈設問と回答〉および実技訓練を通じた〈コツの伝授〉を念頭に置いて構成しました。ビジネス社会で長い間「悪戦苦闘」してきた著者の実体験に基づくものです。
「書けるようになる」ためには「書く練習」がどうしても必要だからですが、適当な練習帳はなかなかありません。「こうしてはダメ、ああしてはダメ」、「こう書きなさい」といわれても、知識だけで書けるようにはならないのです。
　本書が、若きビジネスパーソンのお役に立てることを切に願っています。

神谷洋平(かみやようへい)

CONTENTS

はじめに——*1*

PART1　ビジネス日本語・文書練習問題35

1.1　なぜ、トレーニングが必要なのか？——*10*
1.1.1　正確に・簡明に・速やかに、人に伝えるためには…——*10*
1.1.2　アタマを搔き、文章を書き、恥も搔きながら……——*12*

1.2　「聴く／話す／読む／書く」はワンセット——*15*
1.2.1　ビジネス社会に生きる人間としての基本的能力——*15*

1.3　ビジネス日本語トレーニング35——*16*

- ●練習問題(1)——*16*
- ●練習問題(2)——*18*
- ●練習問題(3)——*19*
- ●練習問題(4)——*20*
- ●練習問題(5)——*21*
- ●練習問題(6)——*22*
- ●練習問題(7)——*23*
- ●練習問題(8)——*25*
- ●練習問題(9)——*25*
- ●練習問題(10)——*25*
- ●練習問題(11)——*25*
- ●練習問題(12)——*27*
- ●練習問題(13)——*30*
- ●練習問題(14)——*34*
- ●練習問題(15)——*36*
- ●練習問題(16)——*39*
- ●練習問題(17)——*40*
- ●練習問題(18)——*40*
- ●練習問題(19)——*41*
- ●練習問題(20)——*43*
- ●練習問題(21)——*44*
- ●練習問題(22)——*46*
- ●練習問題(23)——*47*
- ●練習問題(24)——*48*
- ●練習問題(25)——*49*
- ●練習問題(26)——*50*
- ●練習問題(27)——*52*
- ●練習問題(28)——*53*
- ●練習問題(29)——*54*
- ●練習問題(30)——*56*
- ●練習問題(31)——*58*
- ●練習問題(32)——*59*

●練習問題(33) —— 61　　　　●練習問題(35) —— 65
●練習問題(34) —— 64

PART2　聴く力・話す力・読む力・書く力 30

2.1　ビジネスシーンのコミュニケーション能力 —— 68
2.1.1　コミュニケーション能力とは —— 68
2.1.2　コミュニケーション手段の4象限 —— 70

2.2　「聴く」コミュニケーション —— 74
2.2.1　動物はみな「聴く」からスタートする —— 74
2.2.2　「聞く」のではなく、「聴く」ということ —— 75
2.2.3　子供は質問の天才である —— 77
2.2.4　部下に聴け！ —— 79
2.2.5　"よい聴き手"になるために —— 81

2.3　「話す」コミュニケーション —— 83
2.3.1　話すためのネタ入手 —— 83
2.3.2　「総花的発言」はハートに届かない —— 85
2.3.3　アサーションとスピーキング・スキル —— 86
2.3.4　"報連相(ホーレンソー)"より"相連報(ソーレンホー)" —— 88
2.3.5　「敬語・丁寧語」の覚え方・使い方 —— 89

2.4　「読む」コミュニケーション —— 92
2.4.1　新聞を読む —— 92
2.4.2　空気を読む —— 94
2.4.3　上司の意図を読み取るセンス —— 95
2.4.4　通勤電車の車中で読む —— 97
2.4.5　宵越しの書類は持たず —— 99
2.4.6　メディア・リテラシー —— 100

2.5 「書く」コミュニケーション —— *103*

- 2.5.1　手紙を書く、メールを書く —— *103*
- 2.5.2　ボキャブラリーの増やし方 —— *104*
- 2.5.3　間違いに気づかないマチガイ —— *106*
- 2.5.4　業務の可視化 —— *107*
- 2.5.5　メール返信は24時間以内に —— *109*
- 2.5.6　捨てる習慣 —— *111*
- 2.5.7　外出先表示ボードの書き方 —— *113*
- 2.5.8　押してもダメなら引いてみる —— *115*
- 2.5.9　5分前または1日前の納期設定 —— *116*
- 2.5.10　聴き手・読み手との距離感を測る —— *118*
- 2.5.11　要約を書く —— *119*

2.6 非言語コミュニケーション —— *121*

- 2.6.1　ノンバーバル・コミュニケーション —— *121*

PART3　ビジネス文書のコツとルール33

3.1 短文・簡潔性・結論先行・箇条書き —— *124*

- 1　短文で書く —— *124*
- 2　事実と意見は分けて書く —— *129*
- 3　タイトルは簡潔に書く —— *132*
- 4　結論を先に書く —— *135*
- 5　「箇条書き」で書く —— *137*

3.2 横書き・1ページ・論理的・文体と用語の統一 —— *138*

- 6　短文で書く —— *138*
- 7　「1ページ」に書く —— *140*
- 8　論理的に書く —— *142*
- 9　文体と用語を統一して書く —— *143*

3.3 業界注意事項・固有名詞・定型文の活用 —— *146*
  10 地域語（方言）・業界用語に注意して書く —— *146*
  11 固有名詞には細心の注意をはらって書く —— *148*
  12 定型文を活用して書く —— *149*

3.4 ひらがな・漢字・カタカナ＋数字等の使い分け —— *151*
  13 接続詞・副詞はひらがなで書く —— *151*
  14 適切な漢語を使って書く —— *153*
  15 送り仮名に注意して書く —— *158*
  16 カタカナ用語は絞って書く —— *161*
  17 数字を書く —— *163*
  18 オノマトペを効果的に使って書く —— *164*
  19 手書きで書く —— *167*
  20 句読点なしで書く —— *168*

3.5 納期・段取り・速効性・ルールを守って —— *171*
  21 納期に間に合うように書く —— *171*
  22 段取り八分で書く —— *173*
  23 すぐ書く、早く書く —— *174*
  24 読み手の身になって書く —— *177*
  25 メールはルールに則って書く —— *179*
  26 「は」と「が」、「へ」と「に」に留意して書く —— *182*
  27 文字面（もじづら）に気配りして書く —— *186*

3.6 レトリック・推敲・文章校正等のチェック —— *190*
  28 粘って書く —— *190*
  29 レトリックを駆使して書く —— *192*
  30 繰り返し推敲しつつ書く —— *194*
  31 ツールの変化に応じて書く、または打つ —— *195*
  32 押印の留意点 —— *200*

33　文章構成のチェックリスト —— *202*

PART4　ビジネス日本語・文書スキルアップ 17

4.1　自己トレーニング —— *206*
4.1.1　「声に出して読む」自己トレーニング —— *206*
4.1.2　「翌日に読み直す」自己トレーニング —— *208*
4.1.3　「日記をつける」自己トレーニング —— *210*
4.1.4　「手紙を書く」自己トレーニング —— *212*

4.2　JOB トレーニング —— *214*
4.2.1　「真似て書く」JOB トレーニング —— *214*
4.2.2　「第三者に読んでもらう」JOB トレーニング —— *215*
4.2.3　「他人の文章の添削」JOB トレーニング —— *216*
4.2.4　「ゆとり・遊び・対称・均衡」JOB トレーニング —— *222*
4.2.5　「反論を書いてみる」JOB トレーニング —— *224*
4.2.6　「紙面デザイン」JOB トレーニング —— *225*
4.2.7　「取材と報告」JOB トレーニング —— *226*

4.3　スキルアップ・トレーニング —— *229*
4.3.1　スキルアップ・トレーニング：縮約のすすめ —— *229*
4.3.2　上司の役割、部下の役割 —— *235*
4.3.3　セミナー参加 —— *236*
4.3.4　書き換え・言い換えトレーニング —— *237*
4.3.5　資格取得トレーニング —— *241*

4.4　苦手克服トレーニング —— *243*
4.4.1　苦手克服トレーニング：パラダイム転換 —— *243*

誰にもすぐ役に立つ

ビジネス日本語・文書の本

正確に・洩れなく・速く

神谷洋平
Yohhei Kamiya

さくら舎

PART 1
ビジネス日本語・文書練習問題35

言葉はあらゆるものごとの認識や思考の源泉です。
しかしそれは日常生活で、
"ヨミ・カキ"を習慣とすれば、
自然に習得できるわけではありません。
速やかに・正確に・洩れなく、
十分に「書ける」ようになるには、
効率的で実用的なトレーニングが必要です。

1.1 なぜ、トレーニングが必要なのか？

1.1.1 正確に・簡明に・速やかに、人に伝えるためには…

「書くことはふだんから苦手で……」
「話すことなら、いくらでもできるのになあ……」
「書くなんて、とにかく、めんどくさい。億劫で億劫で」
「自慢じゃないけど、"文才"はまったくないほうですからネ」
　——いざ文書を「つくる」、「書いて表現する」となると、報告書や企画書どころか、簡単なメールでさえ、いろいろな悲鳴やタメイキが聞こえてきます。

　みなさんのお気持ちは、わからないわけではありませんが、「書くこと」はそんなにユーウツなことでしょうか？

　結論から申しますと、**コツとルール**さえ飲み込んでしまえば、ビジネス文書を書くことはタイヘンでも何でもないことです。

　みなさんは、子どものとき苦手だった食べ物が、途中から好きになった経験がありませんか。あるいは、最初の印象が「キライ」だった人が、つき合ってみると意外にも途中から「スキ」になったということは？

　この人生は意外性に満ちていますが、「ビジネス日本語」も同じように、いかにもとっつきにくくて面倒くさそうでも、やり方がわかってくると思いのほか便利で"超・快適"なものであることが実感できます。

　というわけで、本書はその「コツとルール」を手っ取り早く、さっさと身につけてしまおうという主題のもとに"キライがスキになる方法"を整理したビジネス文書スキルアップのための練習帳です。

　——で、最初に明確に申し上げておきたいことは次の３点です。

1.1 なぜ、トレーニングが必要なのか？

> ①仕事はもちろんのこと、私生活でも「書く」ことからは誰も逃れることはできない。
> ②物書きのプロでない限り、ビジネスマンに「文才」は必要なし。
> ③きちんと書けるようになるには、一定の知識プラス練習＝トレーニングが必要。

私たちのようなビジネスパーソンに求められているのは、決して"文才"ではありません。

小説家やコピーライターなどに必須（ひっす）の「文章の才能」や、読み手の感性に訴える名文を書くこと、感動的な文章を書くことは、ビジネス文書では必要ありません。

大切なことは、ある種のコツとルールであり、読み手に向けたサービス精神の発露です。

親切なビジネスマンは、みんな文章が書ける人、といってもよいほどですが、その理由を3つあげてみましょう。

> ▶必要な項目を的確に伝えること
> ▶主張すべき内容を正しく理解させること
> ▶読み手に誤解させないよう正確に書くこと
>
> ⬇
>
> わかりやすく書くこと

つまり、実用文書作成に必要なことは「要領」であり「コツ」ですから、はじめからその有無が問われる"才能"ではなく、誰でもトレーニングによって身につけることができる"社会人スキ

ル "なのです。

　問題は、社会生活を送るために大切なそうしたトレーニングは、義務教育でも高等教育においても、ほとんど行われていないことにあります。

　なぜなら『国語教育』は、国文科卒の、つまり文学を学んだ教師が、古今の名作文芸作品を教材にして、日本語の文法や文学作品の鑑賞法を教えることに終始しているからです。

　それはそれで大切なことですから否定するつもりはありませんが、結果として、冒頭に記したごとき〈大きな誤解〉が蔓延しています。

「自分は理科系だから書くことは苦手」というひとがいますが、日本人が日本語を読み書きするのに、文科系も技術系もありません。

　いくら電子媒体が隆盛し、ビジネスのグローバル化によって多言語化が進行し、英語を公用語化する企業が増えても、日本語で暮らし、日本語を使って生きていくからには、すべてのひとに〈**実質的な日本語トレーニング**〉が不可欠なはずです。

1.1.2　アタマを掻き、文章を書き、恥も掻きながら……

　識者によれば、言葉のおもな働きは、「認識」「思考」「伝達」「創造」の４つである、といいます。

▶ 「認識」……言葉でとらえる
▶ 「思考」……言葉で考える
▶ 「伝達」……言葉で伝える
▶ 「創造」……言葉で作る

（岩淵悦太郎『日本語を考える』講談社学術文庫）

1.1 なぜ、トレーニングが必要なのか？

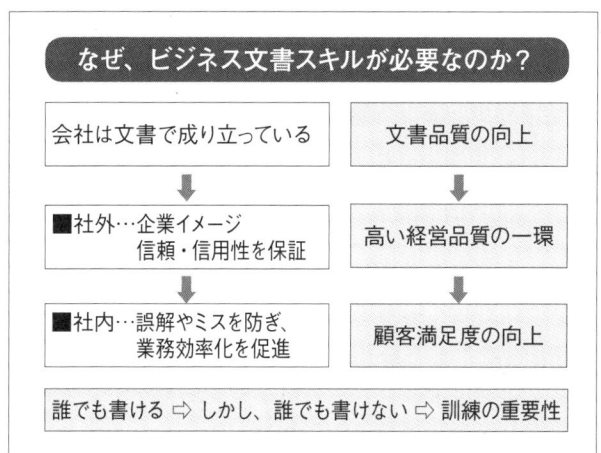

　言葉は単に伝達手段というだけでなく、あらゆるものごとの認識や思考や、さらには創造の源です。私たちは日本語で捉え、日本語で考えています。逆にいえば、言葉を知らなければこれらの行為はすべて不可能ですが、文字を習い、漢字を覚え、文学作品を多く読むだけで自然に書き方が習得できるわけではなく、書けるようになるためには実用的な訓練が必要です。

　かつては"読み・書き・ソロバン"といわれました。いまならさしずめ"読み・書き・パソコン"ですが、読み書きの重要性は時代が変わっても不変です。

　よく「学生時代に部活動に参加していた学生は、社会に溶け込むのが早い」といわれますが、その理由のひとつが〈実用文に慣れている〉ことだと思います。

　メンバー招集通知、新メンバー募集案内、学園祭実施要領、大会参加申込書などなど、実用的な文書作成の経験がそのまま社会で活かせるからです。

「書く」ことのスキ・キライはともかく、才能は文芸家にお任せ

して、私たちが会社生活や私生活のさまざまな場面で必要な、「書く」際のほんの少しのコツを身につけていただくために本書はあります。

「敬語や丁寧語」の書き方、「慣用語」の使い方、「報告書や企画書」の書き方、ビジネスの世界のさまざまな慣習やルールなど、私も最初から身につけていたわけではありません。アタマを掻き、文章を書き、恥も掻きながら覚えてきました。上司に叱られ、鉛筆や消しゴムや赤のボールペンを使って苦労しながら〈自己トレーニング〉してきました。

　昔から「習うより慣れろ」とはいいますが、体系的に、あるいは原理的に教えてくれるひとはいませんでした。読者各位の多くもそうだろうと思います。総務人事部門で長く働いてきた経験から得たことや、会社の内外で見聞きしてきた事例を使ってトレーニング書を書こうと考えたゆえんです。

　私は国語学者でも文法学者でもありません。単に実務者ですから、実務者に必要な部分に焦点を絞って述べたいと思います。これが本書の基本スタンスです。表題を「ビジネス日本語」とした理由もここにあります。

1.2 「聴く／話す／読む／書く」はワンセット

1.2.1 ビジネス社会に生きる人間としての基本的能力

「聴くこと」「話すこと」「読むこと」「書くこと」の4つは、文明社会に生きる人間としての基本的能力であり、私はこれを〈コミュニケーションの4象限〉と呼んでいます。

「聴く・話す・読む・書く」をワンセットとして理解し、ワンセットとして使いこなすことが大切です。

本書を手に取っていただいた読者は、特に最後の「書く」を苦手とする方々であろうと想像しますが、〈4つセット〉で捉えていけば、必ず苦手の解消に繋がるはずです（ここは70ページ以降で詳しく述べることにします）。

これからご紹介するいくつかのトレーニングを順番にこなしていただければ、知らず知らずにコツを習得いただけるよう本書は構成してあります。

どうぞゆっくり読み進めていってください。お忙しい読者は、気に入った問題だけ選んでいただいても構いませんが、「トレーニング」ですからできれば近道を求めず、地道に一問一問、一歩一歩が望ましいことはいうまでもありません。

横書き400字詰めの原稿用紙がお手元にあれば横に置いてください。なければノートでも結構ですからご用意いただければいうことなしです。

国語辞典がお手元にあればなお結構ですが、原稿用紙なし、ノートなし、寝床で、通勤電車の車中で、本書だけを「ながら読み」という方でもなんとかなります。肩の力を抜いて、気軽なお気持ちでどうぞ。

1.3 ビジネス日本語トレーニング 35

● 練習問題（1）

A　自分を表す言葉：私、僕、俺……
B　相手を表す言葉：あなた、君、お前……
　ほかにどのような言葉がありますか？　できるだけたくさんあげてみてください。

回答例

（一人称）　私（わたし）　私（わたくし）　僕　俺　わし　おいら　あたし　拙者　愚生（ぐせい）　吾人（ごじん）　手前　我　自分　某（それがし）　わわっち　わっし　あたい　あちき　おれっち　小生　おいどん　吾輩　不肖　わて　あて　わい　うち　予（余）　みども　朕（ちん）　こち　こっち　おらあ　こちとら　手前ども　己（おのれ）……など

（二人称）　君　おまえ　てめえ　おめえ　貴様　あなた　貴君　あんた　貴殿　貴女　御身（おんみ）　あなたさま　貴兄　アニキ　お手前　貴公　貴台　お宅　貴男　汝（なんじ）　おみゃあ　あんたさん　なれ　そち　そなた　そっち　な　その方　貴下　足下　おぬし　こなた　うぬ……など

いくつあげられましたか？　上記はほんの一部です。
各地方で使われている方言（地方語・地域語）や隠語・符牒な

1.3 ビジネス日本語トレーニング 35

どを含めれば 50 種類とも 100 種類ともいわれますが、日本語には同じ意味を持つ異語が、一人称・二人称に限らず実にたくさんあります。

英語で書けば vocabulary（ボキャブラリー）、日本語では語彙。いずれにせよ日本語は豊富です。

たとえば「父母」には次のような言葉があります。

- ▶父……お父さん　お父様　親父　父ちゃん　おっとう　おとう　ととう　パパ　ダディ　とっつぁん　おとっつぁん　とう　ととさま　とっと　父上　父親男親　父御（ちちご）　父君（ちちぎみ）　尊父　厳父　岳父　父じゃ　父じゃ人　父の命（ちちのみこと）　おもうさま　おもうさん……など
- ▶母……お母さん　お母様　おふくろ　母ちゃん　おっかあ　おかあ　かかあ　ママ　マミィ　マンマ　かか　かかさま　おっかさん　かっかかあ　母上　母親　女親　母御（ははご）　母君（ははぎみ）　母御前（ははごぜん）　母堂　父母　母じゃ　母じゃ人　母の命（ははのみこと）　おたあさま　おたたさま……など

つい外来語まで書いてしまいましたが、**会話でも文章でも、相手との人間関係の親密さや距離、上下関係、状況や目的、公私などの諸条件で単語や言い方、書き方が微妙に変化するのが日本語です。**

ビジネスシーンにおいても、間違った用法や用語の選択ミスを犯すと、予想しない失礼を発生させ、ときには困った事態にもなりかねません。

これを面倒なことと考えるか、人間らしい、または日本人ならではの繊細で高度に文化的なことと捉えるかで、話はずいぶん違ってきます。

● 練習問題（2）

第1問と同じように、彼、彼女などの「三人称」をできるだけたくさんあげてみてください。

回答例

（三人称）　彼　彼女　あいつ　あやつ　あれ　あの方　あちら　やつ　これ　そやつ　そいつ　こいつ　こやつ　きゃつ　これ　あれ　なに　それ　野郎　御仁　某氏　某人物　彼の人　あの人　彼の君（かのきみ）　彼の御方（かのおかた）……など

　これもまたたくさんありますね。目の前の若い女性に向けて男性から「彼女ぅ」などと呼びかけている事例を街で見かけることがありますが、本来「三人称」とは、ここにはいない第三者を指す用語ですから、文法的には妙な具合です。

　しかし本書は国語学の教科書ではありませんし、文法の解説書でもありません。また、法学部卒の私はその任にありませんから、このあたりのことには深入りしないことにします。

　ただ、日本語には、諸条件に応じた数々の用語があり、その保有量＝語彙の豊富さに比例して表現力が決定づけられることがある、ということだけは再度申し上げておきたいと思います。

　端的にいえば、〈この場合、この状況下ではどの用語を選ぶべきか〉という課題に直面したとき、保有する語彙が豊富であればあるほど、選択肢に困ることがない、ということです。

ビジネスシーンにあっては、文法的な正しさよりも、その場の

状況に相応しい使い方かどうかが大切です。そして、豊富な語彙を身につけるためには、人生経験・社会経験を積むこと、たくさん読むこと、たくさん聴くことしかありません。

● 練習問題（3）

ビジネスシーンで使われる一人称、二人称にはどのような用語がありますか？ それぞれ3例以上あげてください。

回　答

（一人称）	私（わたくし）　小生　小職　弊職　不肖　手前　手前ども　私ども　私たち　我々……など
（二人称）	あなた　貴殿　貴職　御職　尊職　お客様　お得意様　あなたさま　そちらさま……など

「俺」「お前」がよろしくないことは誰でもご承知のことと思いますが、「僕」「君」は男子学生の言葉で、ビジネスには不向きと思ってください。

また、発音としては「私（わたし）」でなく、できれば「私（わたくし）」です。「わたし」が絶対ダメということはありませんが、より丁寧には「わたくし」が望ましい発音です。

「小職」「貴職」などは書き言葉で、口語としてはあまり使用しません。ビジネスレターやEメールではよく見かける用語です。「小」とは、へりくだった表現で、「小社」と同じ。「貴」とは、文字どおり敬った表現で「貴社」と同様です。

学卒で入社早々の皆さんも、このような語法がスラスラ出るようになれば、一人前のビジネスマンといえるでしょう。ただ、入

社数年の駆け出しに「小職」は似合いません。何を生意気な、と受け取られかねませんから、「生兵法は怪我の元」と思ってください。

逆に、「小職」という言葉が似合う仕事ができるようになることこそ、本当の意味の一人前というべきでしょう。

なお、「手前ども」は、街の酒屋さんやお米屋さんの世界などではいまも現役ですが、今日のいわゆるビジネスシーンでは不似合いです。

続いて4問目もビジネスシーンにおける問題です。

● 練習問題（4）

相手先の会社（団体）はどのように表現するとよいでしょうか？

回 答

- ・貴社　・貴会　・貴機関　・貴校　・貴学　・貴園　・貴所　・貴センター……など
- ・御社　・御会　・御機関　・御校　・御学　・御園　・御所　・御センター……など
- ・尊社　・尊会　・尊機関　・尊校　・尊学　・尊園　・尊所　・尊センター……など

このように、アタマに「貴」か「御」か「尊」をつければ敬称になりますが、実は少し前までは「御社（おんしゃ）」という表現を見かけることはありませんでした。ここ数十年の新しい語法です。

「御社の教育研修体系についてお聞かせください」

などと会社訪問で来社された学生諸君にいわれると、私はいまでも、なにやら「くすぐったい」思いがします。

　一説によれば、「御社」という語法は、あるビジネススクールが30年ほど前に考案（？）したとも提唱したともいいますから、私の年代ではあまり馴染みがないということかもしれません。少なくとも私が学生のころにはなかった言葉です。「お会社」とか「お勤め先」という言葉は昔からありましたし、いまもあります。

　言語はそもそも時代とともに「変わりゆくもの」ですから、「御社」や「尊社」を決して使うなとはいいませんが、**一般的には「貴社」が最も違和感のない普通の用語です。**

　したがって、話し言葉ならともかく、「御社」「尊社」については、文章ではあまり使わないように心がけることをおすすめします。

　話し言葉（口語）は急速にどんどん変化し、書き言葉（文語）はゆっくり変化していくものだからです。その意味で書き言葉の選択基準は保守的であるべきです。

● 練習問題（5）

では、自分の所属する会社はどのように表現しますか？
3例以上あげてください。

回　答

・当社　・弊社　・小社　・わが社　・私ども　・手前ども　・うちの会社……など

上記にあげた7例のうち、

> ▶ へりくだる表現……「弊社」「小社」
> ▶ 胸を張る表現……「わが社」
> ▶ いささか旧態な表現……「私ども」「手前ども」
> ▶ 口語表現……「うちの会社」「当社」

ということができます。

へりくだりもせず、胸も肩肘も張らず、また古臭くもない語法として私が好きなものといえば「**当社**」ですが、**どれを選択するかは、先にも述べたとおり「その場の相応しさ」です。**

お取引先へのお詫び状ならへりくだるし、新製品発表会の案内状なら少々胸を張っても許されるでしょう。会社なりの慣習的表現もあるでしょうし、使うひとのセンスもあると思います。

さて、ここまでは小手調べでしたが、次の問題からいよいよ「トレーニング」らしく、短文作成問題です。

● 練習問題（6）

風邪の予防法について100字で述べてください。制限時間は20分以内です。

回答例①

風邪を予防するためには手洗いとうがいを欠かさないことだ。昔から小学校でも児童にそう教えているくらいだから、手洗いとうがいこそやはり基本のきではないだろうか。

回答例②

　冬になると風邪の予防法がよく話題になるが、医学的見地からは風邪などという病名はないのであって、あまり正確な話とはいえないし、インフルエンザと流行性感冒を一緒にしてなにか語ることもおかしい。そもそも発熱があったり頭痛や寒気があると、ひとはすぐに風邪だろうなどと一言で済ませてしまうことが多いが、これまた不正確だ。（以下省略）

〔課題〕風邪の予防法について、<u>100字（20分以内）</u>で述べよ。

〔回答例〕

昔	か	ら	「	風	邪	は	万	病	の	源	」	と	い	わ	れ	、	最	も
身	近	な	病	気	で	あ	る	。	そ	の	予	防	法	は	①	石	鹸	に	よ
る	手	洗	い	、	②	う	が	い	、	③	十	分	な	睡	眠	、	が	基	本
と	さ	れ	る	。	ま	た	今	日	で	は	、	適	切	な	タ	イ	ミ	ン	グ
で	予	防	接	種	を	受	け	る	こ	と	が	奨	め	ら	れ	て	い	る	。

● 練習問題（7）

夏のエアコンと扇風機の機能的または構造的相違について80字で書いてください。制限時間は15分以内です。

回答例③

　エアコンとは、英語の air conditioner を勝手に短く省略した言葉である。そのために元来の意味が不明となった。空気の状態を

PART1 ビジネス日本語・文書練習問題 35

快適に調節する装置であるから、冷暖房調整機器といえばわかりやすい。これに対し、扇風機とは何かといえば、こちらは日本語であるからすぐにわかる。あえて言い換えるならば電気式風発生装置である。

〔課題〕夏のエアコンと扇風機の機能的または構造的相違について、80字（15分以内）で述べよ。

〔回答例〕

	エ	ア	コ	ン	と	扇	風	機	は	、	と	も	に	夏	季	に	お	け	る
暑	さ	対	策	の	た	め	の	主	要	電	気	製	品	で	あ	る	。		扇	風
機	が	単	に	空	気	攪	拌	機	器	で	あ	る	の	に	対	し	、		エ	ア
コ	ン	は	空	気	そ	の	も	の	の	「	冷	却	機	能	」	を	持	つ	。

これらの回答はあくまで例であり、このようでなければ合格点はあげられないということではありません。技術系のひとと文科系のひとでは書く中身がおおいに異なるでしょうし、たとえば私が書くとこうなります、というに過ぎません。風邪の予防法といってさまざまな考え方があるでしょうし、エアコンについては「機能的または構造的相違」が書かれていればよいのですから、上記回答例とはまったく別の回答があって当然です。

ただ、**回答例①②③については、やはり不合格です**。どこがどう不合格なのか、私の書いた回答例と比較してみてください。

いずれにせよ、最小限大切なことは、①文字数、②時間、③客観性の3点がクリアされているかどうかです。

特に重要なことは、ピタリ100字または80字で書いてあるかどうか、という点です。

問題文には「100字で」または「80字で」とあり、「100字程度」

でもないし「80字以内」でもないことにあなたは気がつきましたか？

こういうところに気をつけて問題文を読んでいただけたでしょうか？ 漠然とした問題文の把握では漠然とした結果しか得られないことに留意しましょう。

● 練習問題（8）

サッカーの魅力について、野球との比較で述べよ。100字程度、20分程度。

● 練習問題（9）

あなたの昨日の夕食メニューを15字詰め6行で書きなさい。15分以内。

● 練習問題（10）

いま、手元に現金10,000円あると仮定したとき、これを何に使いますか？ 使途およびその理由を80字以内で書きなさい。20分以内。

● 練習問題（11）

「自己紹介」を書いてください。対象は不特定多数。字数は150字程度。制限時間は20分とします。

同様の短文記述問題を4つあげておきます。

　回答例は省略しますが、(6) (7) と同じ観点に留意して書いてみてください。いずれも要領よく、手短に、必要にして無駄のない文章を書く訓練に役立ちます。

　ところで、三島由紀夫の『文章読本』（中公文庫）によれば、明治期の文豪、森鷗外は「文章を書く際に大切なことは、一に明晰、二に明晰、三に明晰である」と述べているそうです。

　短文であればあるほど、明晰さは重要な評価基準です。

　心がけたい姿勢ですが、どうしたら明晰な文章が書けるようになるのでしょうか。明晰とは、具体的にどういう意味でしょうか。答えは本書を読み進み、練習問題を解いていく過程で明らかにしていきたいと思います。

　実は書くことが苦手というひとの多くは、「読む」こともまた苦手としており、ある意味では**「読まないから書けない」**といって過言ではありません。字数や制限時間について書かれた部分を**「しっかり読んでいない」**から、**「書けない」**のです。
「読む」ことの重要性については、改めて詳しく述べたいと思います。

　こうして書くことに慣れてくると、テーマが異なっても自然に要領よくなっていき、所要時間は短縮されるものです。それが実感できれば次に進みます。

　なお、文字数に指定があるとき、句読点も一文字にカウントすることが一般的です。

　さて、次は少々難しい問題かもしれませんが、ある意味で大変実務的な問題です。

1.3 ビジネス日本語トレーニング 35

● 練習問題（12）

自宅からあなたの会社まで、公共交通機関を利用した場合の道案内を、初めてのひとでもわかるように文章で書いてください。イラスト・地図は不可です。
条件は原稿用紙横書き、本文200字程度で、制限時間は20分程度でどうぞ。

〔課題〕自宅から会社までの道案内を本文200字程度（20分程度）で述べよ。

〔回答例〕

　　　「当社までの道案内」
　自宅を出て、最寄りの駅から電車でJR山手線目黒駅を目指します。駅に着いたら、ホーム中央の上り階段で改札階へ。改札口を出て左へ進むと駅の外に出ます。白い高層マンション側へ信号を渡り、右へ下る坂道を歩きます。歩道の左手、さわやか信用金庫、喫茶店を過ぎ、コンビニの手前（歩道橋の手前）の道を左折します。ここまで駅改札口から5分程度。50mほど進んだ左手、青色のYOKOGAWA看板のある建物が当社です。

どうでしたか？　実務的問題といった意味がおわかりいただけたでしょうか。今回は「200字程度」、「20分程度」ですから、文字数と時間についてはあまり厳密ではありません。

> 回答例

　目黒駅を出たら権之助坂を下る。行人坂(ぎょうにん)を下ってもよいが、やはり権之助坂のほうがわかりやすいので、こちらを推奨したい。5分ほど歩くと左折するが、その角はいまどきのコーヒーショップだ。その少し前に昔ながらの喫茶店があるので、間違いなきよう注意したい。左折したら2棟目の建物だ。

　さて、あなたが書いた原稿または上記回答例の文章と、私の文例を比べてみてください。削除する部分はどこ？　詳しく書く部分はどこ？　どこが違う？

　相違点がまったくわからないというひとは、これからじっくり本書を使ってトレーニングする必要があるひとです。

　わかりやすいな、どうしたらこんな具合に書けるようになるのだろう、また、なるほどそうか、あれっ？　などと、いくつか気がつくことのあったひとは、いまからほんの少しのコツを掴(つか)めば、どんな文章でもすぐにスラスラ書けるようになるでしょう。

　実はこの問題は、私が7～8年前から各地で実施している「ビジネス文書の書き方研修講座」で、受講生全員に講義冒頭で課しているものです。これまで1,000人を超える老若男女の社会人受講生の答案を読んできましたが、そこにはいくつかの共通点があることに、あるとき気がつきました。

◎「縦書きで書くひとが20人にひとり」

　受講生が50人なら2～3人、60人のときには3～4人、平均して5％前後の受講生が縦書きの答案を書きます。社会に出てから久し振りに原稿用紙を見たからでしょうか、縦書きが当然のこととアタマから受け取ってしまうようです。

　早合点といえばそうでしょうが、実はここに「書く」という作業にとっての大きな問題点が潜んでいると私は考えます。

◎「字数を無視するひとが2割」

200字程度としてあるにもかかわらず、300字も400字も書いてしまうひとが、毎回およそ2割程度はいます。勢いで書いてしまう、または、そもそも制限字数で収まりきれる書き方になっていない、などの理由がありそうです。しかも、私が指摘するまで、字数を制限されていることに気がついていないひとが大半で、無視しているというより無頓着である場合が多いように感じます。あなたはどうでしたか？

◎「**制限時間オーバー**」

　条件とした「20分程度」で終わるひとは毎回およそ半数。30分経過しても完成しないひとが常に1割程度はいらっしゃいます。時間配分が苦手なのでしょうか。考えあぐねて時間がきてしまったというケースは皆無で、ほとんどの受講生は「はじめ」の号令とともに書き出します。むしろそれが問題です。

　逆に、あっという間に書き終えてしまい、平然と待つひとがわずかに数パーセントと少ないものの、必ず毎回一定程度いらっしゃいます。それはそれで問題なしとはしません。

◎「**タイトルがない**」

　問題文をよく読んだひとは「本文200字程度」という記述に目が留まったはずです。わざわざ「本文」と書かれているということはどういうことか。本文以外とは、タイトル、注記、補足などですから、最小限タイトルは必要で、それは200字にはカウントしないと解釈しなければなりません。

「タイトルなきビジネス文書なし」については、あとで132ページを参照してください。

◎「**主観的な記述**」

　何より重要なことは「主観的表現」が多いという点で、7割の受講生が大なり小なり客観的に書けていません。たとえば「駅前の○○通りを横断し」と書いたひとに、私はいつも次のことを確認します。「○○通りとどこか目立つ位置に書いてあるのですか。

はじめてその場所に立ったひとは、だれでもその道が〇〇通りであるとわかるのですか」と。

　読み手の受け取り方に思いを巡らせ、表現を工夫し、事実に基づいて客観的に記述するとは、実はそういうことです。もし「西へ進む」と書くのなら、読み手は東西南北を承知している前提があってはじめて成立するわけです。

　また、「しばらくそのまま歩き」などと書く方も少なからずいらっしゃいます。「しばらく」とは5分なのか10分なのか、100mなのか500mなのか。5分と10分では、距離にして倍も違ってきますから、読み手は戸惑います。書き手の「しばらく」が、読み手の「しばらく」と一致する保証はありません。客観的に記述する難しさです。

　誠に意地悪な問題で恐縮ですが、これら共通点の克服こそ、本書トレーニングの入門テーマです。トレーニングは始まったばかりですから、ゆっくり一歩ずつ進めていきましょう。

● 練習問題（13）

▶ 起……朝、起きた　　▶ 承……顔を洗った
▶ 転……電話が鳴った　▶ 結……事件だ！

　これが小学校の国語の時間に習った文章構成の基本、「起承転結」ですが、ビジネス文書として考えたとき、どのような順序になりますか？

回　答

①事件だ！
②電話で知った

> **主文　　結論、理由、背景の順序で書く**
>
> | 起承転結 | まず結論 |
> |---|---|
> | 起：朝、起きた
承：顔を洗った
転：電話が鳴った
結：事件だ！ | ①事件だ！
②電話で知った
③朝起きて、顔を洗った直後だった |
> | 小学校の作文の時間に習った文章構成の基本 | ビジネス文書作成のルールに従って書く |

③朝起きて、顔を洗った直後だった

ビジネスの場には、「結論が先」という大原則があります。**会社では起・承・転・結ではなく「結・転・承・起」または「結・転・起・承」という具合に、まず結論を心がけてください。**

たとえば「請求書」。これは文書の表題（タイトル）ですが、同時に結論を示しています。一目で請求書であることが明解であるように書式化されています。

1,000,000円と数字が書かれているからといえども、それが請求書なのか、送金明細書なのか、払うべきものか受け取るものかは180度異なるわけですから、最後まで読み進めて、やっと「上記のとおりご請求申し上げます」というのでは不都合極まりなく、能率的でないことがご理解いただけるはずです。

「出張報告書」も「提案書」も同じように〈まず結論を書く〉ようにしましょう。

そもそも「起承転結」とは、漢詩の基本として中国から伝わった考え方であり、文章を書く際の全般的原則というわけではあり

ません。そこには大きな誤解があります。短い文章では確かにわかりやすい面がありますが、変化の激しいビジネスシーンにおいては、結論こそ優先です。

---

①序言……はじめに視点やスコープ（論述の視野、守備範囲）を述べる
②論述……事実や現状認識、意見を述べる
③論証……意見の根拠や理由を述べる
④反論……例外や反対意見に対する見解を述べる
⑤結論……おわりに結論を述べる

上記は、ヨーロッパに古くからあるレトリック（古代ギリシャ以来継承されて来た効果的言語表現技術のこと）で、五分法とも呼ばれます。読み手を説得したり納得させたりしなければならないビジネスの世界では、むしろこれが参考になります。私なりに加工すれば以下のとおりです（レトリックについては192ページで詳しくご紹介します）。

①要旨……結論とその理由		はじめに主張したいことの要旨を簡潔に述べる
②論述……事実認識と主張		事実や現状認識、主張を詳細に述べる
③論証……具体例や根拠		主張や意見の根拠や理由、具体例などを述べる
④反論……例外や反対意見		例外や反対意見に対する見解を述べる
⑤結語……まとめの文言		おわりに再度主張の要旨を繰り返し述べる

1.3 ビジネス日本語トレーニング 35

文 例

①要旨
今秋予定されている××展示会に、我が社の新製品○○を出展したい。その費用は概算○○円である。広告総予算○○円の××％をこれに充てたい。

②論述
新製品○○は我が社にとって久方振りの大型企画製品であり、ライバル社××に対抗できる待望の新製品である。考え得るPR戦略は積極的に取り組むべきであり、特に××展示会は規模的にもタイミングとしても不可欠なPR機会といえる。

③論証
ライバル社はすでに○ヶ月前に類似製品を発表しており、一部ではユーザーの支持を得ているようであるが、別紙データのとおりいまひとつ伸び悩みを呈している。広告戦略においても目立つ動きがない。したがっていまがチャンスである。

④反論
確かに××展示会は出展料が割高である。しかし今回は正面入り口ブースを確保しており、コストに見合う訴求力は十分である。（別紙：会場レイアウト参照）

⑤結語
以上のとおり出展効果は間違いないところであり、××展示会出展を中心としたトータル販売強化策を取ることで、相乗効果を狙うべきである。

また、文書に限らず、口頭報告でもこれは同じです。
昨夜はちょっと飲みすぎまして、久し振りに学生時代の友人と会ったものですから、懐かしくて、つい遅くまで……。実はそれで先ほどから頭痛がひどいのです。今日やらなきゃいけない仕事は終わっています。というわけで早退してもいいでしょうか……。

これは一般的な「お話」としてはわかりますが、会社では次のように修正しましょう。

①今日は早退してもいいでしょうか。
②今日やらなきゃいけない仕事は終わっています。
③実は先ほどから頭痛がひどいのです。
④昨夜はちょっと遅くまで飲みすぎまして。

上記をもう少し一般化すると次のとおりです。

▶ 第一……結論　　▶ 第二……理由
▶ 第三……背景説明　▶ 第四……経緯説明

このように結論を先に書けば、「何をいいたいのかわからない」、「だからどうだっていうのだ」という批判は受けずに済むはずです。これがつまりコツの一例です。

さて、次は「敬称」に関する問題です。先の一人称・二人称・三人称などと同様に、「敬称」、「TPO」にも多くの種類があります。

● 練習問題（14）

敬称としてよく使われる「様」や「殿」。丁寧なのはどれですか？　また、「さん」や「君」とはどこが異なりますか？

回　答

思い出してください。「お客様」とはいいますし、書きますが「お客殿」とはいいませんし、書きません。また、「助けて神様、仏様」

とはいいますが、「神殿、仏殿」とはいいません。

月は「お月様」、太陽は「お天道様」（おてんとうさま）で、「お月殿」、「お天道殿」とは決していいません。これらの例から明らかなように、**より丁寧なのは「様」です。**

かつては官庁が住民にあてて発信する文書はすべて「殿」が用いられていましたが、近年では一般的に「様」が使われています。なぜでしょうか？

ソフトな「様」に比べ「殿」という敬称には、堅苦しい、いかめしい、かしこまった、または公的な用語という印象があります。そうした印象を少しでも和らげようという意図から、何かと堅いお役所も「様」を使用するようになったのです。

ちなみに同じ「殿」でも、「どの」でなく「との」と濁点なしに読むときには意味が異なります。

辞書によれば、「①高貴な人の邸宅。②高貴な人を指し、敬っていう語。③世の中の第一人者（中略）を指し、敬っていう語（後略）。④主君を呼ぶ称（後略）。⑤妻がその夫を指していう称（後略）。⑥女が男を指して敬っていう称（後略）。」（岩波書店『広辞苑』第四版）と書いてあります。

したがって時代劇で家来がいう「お殿様」とは、上記④に丁寧語の「お」および敬意を込めた「様」を加えた言葉といえるでしょう。敬称としての「様」と「殿」（どの）を繰り返し重ねているのではありません。

また、**普通、「さん」や「君」は口語としては日常的に使われますが、文書で用いられることは比較的少なく、ビジネスシーンなどの正式な文書では避けるべき表現です。**

日本語には口語と文語、つまり話し言葉と書き言葉があって、両者の区分については厳密さが減りつつあるとはいえ、「さん」は一般的には口語に区分されるからです。口語と文語または和語と漢語の使い分けについては、後で詳しくご紹介するつもりです。

ただ、社内相互間のメールのやりとりなどでは、親しさや日常性を込めて「さん」を使うことはあるでしょうし、あってよいと思います。もちろん、その内容次第では使うべきでないケースもあり得ます。

● 練習問題（15）

では次に「様」と「殿」の使い分けの問題です。どういうときに「様」、どういうときに「殿」を使いますか？
次の用法は正しいでしょうか？
A ＊＊株式会社　××部長　○山○男様
B ＊＊株式会社　○山××部長様
C ＊＊株式会社　○山××部長殿
D ＊＊株式会社　××部長　○山○男殿
E ＊＊株式会社　○山○男××部長様
F ＊＊株式会社　○山○男××部長殿

回　答

どれも似たりよったりで、大差がないように感じる読者も多いだろうと思います。
しかしながら、会社などで実際にビジネスレターを書く機会が多いひとは、「様」か「殿」かで迷うことが多いのも事実です。

　A　＊＊＊＊株式会社の、××部長としての、○山○男様
　B　＊＊＊＊株式会社の、○山○男××部長様
　C　＊＊＊＊株式会社の、○山○男××部長殿
　D　＊＊＊＊株式会社の、××部長としての、○山○男殿
　E　＊＊＊＊株式会社の、　○山○男××部長様

F　＊＊＊＊株式会社の、○山○男××部長殿

　上記の＿＿＿部分は原文では省略していますが、意味するところはの、とか、としての、ということです。どれも大差はないと思うひとのために解説すると、そういうことです。問題は最後の部分に書く敬称で、＿＿＿部分です。

　もうややこしいから嫌、というひとのために正解を書きましょう。**端的にいってどれも間違いではない、というのが回答です。**部長様でも部長殿でも構いません。これはダメという定説はありませんし、仕事で「社長様」と書かれた文書をよく見るというひともいるでしょう。

　ただし、先の練習問題（14）でご紹介したとおり、「より丁寧なのは様」ですから、丁寧に表記したいというなら「様」を使うべきで、にもかかわらず「部長様」や「社長様」には違和感を持つというひともあり、そこで話がややこしくなるわけです。

　確かに考えてみると、社長に「様」、部長に「様」をつけるなら、課長にも係長にも主任にも敬称が必要になり、「主任様」と書くのは何か憚られる感もあるでしょう。書き手が部長だったり本部長だったりすると、相手の主任氏に「主任様」と書くと、必要以上に自分がへりくだっているようでもあり、むしろ嫌味のように受け取る主任さんもあるいはいるかもしれません。

▶**役職名には「殿」**

▶**個人名には「様」**

こう割り切ってしまえば話は簡単です。

すなわち、

A　××部長　○山○男様……役職名＋個人名には様でOK

B　○山○男××部長様……個人名＋役職名に様は×

C　○山○男××部長殿……個人名＋役職名には殿でOK

D　××部長　○山○男殿……役職名＋個人名に殿は×

> ## 「様」と「殿」の使い方
>
> 原則として個人名には「様」、役職名には「殿」
>
> ◆ソフトなのは「様」　　　　　◆堅いのは「殿」
>
> | 講師　神谷洋平 様 | ⇔ | 神谷洋平 講師 殿 |
>
> ◆「殿」は「様」よりも敬意が軽く、より公的な用語（広辞苑）
>
> ※「御中」＝団体あてのみ使用

　なぜか？　個人は世間的な地位や役職と関係なく敬うべきであり、偉いひとも偉くないひとも、社長でも主任でも新入社員であっても、丁寧に「様」を使い、役職には「殿は様よりも敬意が軽く、より公的な用語」（広辞苑の定義）として「殿」を使うとよいと考えられます。

　このような割り切りは上位者が下位者を呼ぶ際でも、下位者が上位者を相手とする場合でも同様に使うことができます。××部長という役職を務める○山という人物に対して公的な立場で文書を作成するわけですから、上下関係は留意の要がありません。

　次の2例では、BC例と異なり、苗字だけでなくフルネームの個人名＋役職名という構成になっています。この場合はどうか？

E　○山○男××部長様……フル個人名＋役職名に様は×
F　○山○男××部長殿……フル個人名＋役職名に殿はOK

と、原則としては考えてください。

ただ、この場合フルネームは「しつこい感」があり、個人ではなく役職がポイントなのですから、苗字のみでよい、というのが私の意見です。普段からフルネームで呼び合っているのなら別ですが、会話で「○山部長」と呼ぶことが自然であれば、文書だからといってあえてフルネームにする必要はないでしょう。この場合、名前が○男かどうかが KEY ではなく、他方、○山かどうかが他人と区別するうえで重要といえるからです。

ちなみに「様」ではなく「さま」を好む方がときどき見られますが、平仮名は漢字に比べてソフトですから、女性なら許容されるでしょう。

● 練習問題（16）

「社長」という役職名にはもともと敬意が込められており、したがって「様」や「殿」をつける必要はない。
この意見は正しいでしょうか？

回　答

正しくありません。

「社長」「部長」「課長」「局長」などは、役職または官職の「名称」に過ぎませんから、敬意は込められていません。当然ながら、「所長」「係長」「主任」「主査」も同様です。

ところで「先生様」とはいいませんし、書きません。「社長」や「部長」とは異なり、「先生」という言葉にはもともと敬意が込められているからですが、「教師」とか「講師」とか「教授」という職種の名称と、「先生」という敬称を混同しているひとに私はときどき出会うことがあります。要注意です。

● 練習問題（17）

「御中」とは、どういうときに使う敬称でしょうか？

回答

　組織、グループ、集団に対してのみ使う敬称です。個人には用いません。「個人あてでない郵便物を出すとき、その宛名の下に添える語」と辞書にあります。読み方は「おんちゅう」です。

● 練習問題（18）

不特定多数を宛名とする文書では、「各位」と書くより「各位殿」とすると丁寧だ。
この意見は正しいですか？

回答

　間違いです。
「各位」とは、「皆々様」という意味ですから、「皆々様殿」というのはおかしい。敬称を重ねて「殿」を使う必要がありませんから、「各位殿」は間違いです。
　ついでにご紹介すると、「各位」の「位」とは、正三位とか従一位とか、いわゆる位階勲等制に定める位（くらい）のことであり、したがって**「各位」とは、いずれの「位」も含めた皆様、皆々様、つまりは偉いひとも偉くないひともみんな、という意味合いです。**
　なお、この位階勲等は 2003 年に大勲位を除き制度的には廃止

されたものの、逆にいえば21世紀になっても制度として生きていたことは驚きではあります。聖徳太子が定めたとされる冠位十二階をはじめとして、明治期には二十階、その後十六階という具合に、わが国で古来連綿と続いてきた制度です。「国家ニ勲功アリ又ハ表彰スヘキ効績アル者」および「在官者及在職者」が死亡した場合（改正位階令：1947年）に対象となりました。

人間をランキングするわけですから、民主主義国家に生きる私たちにはいささか時代錯誤の感がありますが、ともかく「各位」の語源はここにあります。

● 練習問題（19）

次の美化語のうち、正しいものに○、間違いに×をつけてください。
・おビール　　・お洋服　　・お皿　　・お召し物
・お醤油　　・お箸　　・おナイフ

回　答

美化語とは、平成19年（2007年）の文部科学省文化審議会国語分科会で、それまでの敬語3種類（尊敬語・謙譲語・丁寧語）を改め、新しい敬語5種類を定めたことで生まれた敬語の一種です。現在では、敬語といえば以下の5種類ということになっています。

①尊敬語……………………いらっしゃる　おっしゃる　など
②謙譲語Ⅰ…………………伺う　申し上げる　など
③謙譲語Ⅱ（丁重語）………参る　申す　など
④丁寧語……………………です　ます　など

⑤美化語 ・・・・・・・・・・・・・・・・・・・・・・・・・・・お酒　お料理　など

　美化語は、上品な物言いで品位を高めようとするときに用いられる表現ですから、考えてみれば不思議なことではありますが、あらゆるモノに「お」や「ご」を付して美化します。日本人らしい繊細な言語表現法です。

　問題にあげた7つのうち、最初と最後を除けば○でよいと思いますが、「おビール」にはやや違和感があり、「おナイフ」とは決していいません。この相違はどう解釈したらよいでしょうか。

　美化語の使い方には個人差や男女差があります。「お味噌、お醤油」というひとは「おソース」も使い、「酒、たばこ」というひとは「味噌、醤油、ソース」ということが通例でしょう。ただ、原則的にはカタカナ用語に美化語を使うことは少なく、「お着物」「お履き物」「お靴」とはいいますが「おドレス」とも「おスカート」とも、「おハイヒール」ともいいません。

　したがって、**外来語すなわちカタカナ言葉には美化語は用いない**、といえそうです。

　その原則に従えば、「おビール」「おコーヒー」には無理があり、「お盃」とはいいますが「おグラス」とはいいません。また、ビールには「お」をつけても、ウイスキーやブランデーには美化語を用いないわけですから、そこを追及されれば論理的には答えようがありません。したがって「おビール」は市民権を得た語法とは言い難いと思います。

　一説によれば、バーか居酒屋か知りませんが、夜の飲食店の、それも高級店の女性従業員言葉あたりが発祥であろうとのことです。定かではありませんが、そういわれると、必ずしも「おビール」は上品な物言いとは言い難い気もします。

　では、なぜ「お酒」といい「お盃」といいながら、「お日本酒」「お焼酎」といわないのか。

　そう考えると、上記の原則もいささか怪しくなってきます。ひ

1.3 ビジネス日本語トレーニング 35

敬語　文部科学省文化審議会（平成 19 年）答申

5 種類の敬語（新）	
尊敬語	いらっしゃる おっしゃる
謙譲語 I	伺う 申し上げる
謙譲語 II （丁重語）	参る 申す
丁寧語	です ます
美化語	お酒 お料理

3 種類の敬語（従来）	
尊敬語	いらっしゃる おっしゃる
謙譲語	伺う 申し上げる 参る 申す
丁寧語	です ます お酒 お料理

とついえることは、口語としていいやすいかどうかに大きく影響される、という点です。書き言葉ではまた別の理由があるのかもしれません。

いずれにせよナンでもカンでも「お」で美化すればよいわけではない、と心得ましょう。

● 練習問題（20）

では、次の美化語はどうでしょうか。正しいですか、間違っていますか？
・ご予算　　・ご請求　　・ご注文　　・ご宿泊
・お泊まり　　・お怒り　　・お知り合い　　・お詫び

回　答

　特に違和感はありませんから、すべて○です。では、「お」と「ご」(御)の区分けはどのようになっているのでしょうか。どのケースが「お」で、どの場合が「ご」か。「お請求」「ご知り合い」といわないのはどうしてでしょう。

　正解は、漢語には「ご」、和語には「お」が大原則とされているからです。

　「予算」「請求」など、はじめの4例は漢語、「泊まり」「怒り」など後の4例は和語です。

　とはいいながら、前問同様に例外があり、「お食事」「お礼状」「お誕生」「お勉強」など、漢語でも「お」を付す例はたくさんありますから、話はややこしくなります。

　したがって、どの言い方が正か否か、国語学者でも文法学者でもない私たちは、経験的に把握するよりほかはありません。日本語を学ぶ外国人に論理的な解説を求められても困りますが、口語的な言いやすさ・言いにくさからきているものと考えられます。

● 練習問題（21）

仮名遣いに関する問題です。どちらの仮名遣いが正しいですか？

- こんにちは
- 少しずつ
- ちじむ（縮む）
- じめん（地面）
- せかいじゅう（世界中）
- いなずま（稲妻）

- こんにちわ
- 少しづつ
- ちぢむ
- ぢめん
- せかいぢゅう
- いなづま

回　答

　正解は、「こんにちは」「少しずつ」「ちぢむ」「じめん」「せかいじゅう」「いなずま」です。ただし、後ろのふたつについては「せかいぢゅう」「いなづま」と書くことも可です。このようなルールは、『「現代仮名遣い」に関する内閣告示及び内閣訓令について』（昭和61年7月1日）により定められました。

　「は」と「わ」、「じ」と「ぢ」、「ず」と「づ」など、どちらが正しいか迷うことは、日常生活でも少なくありません。パソコン入力するような場合には、パソコンの日本語入力システムが教えてくれますから有難いわけですが、逆にいえば、であるが故に覚えない、知らないということにもなります。

　たとえば「こんにちは」ですが、「こんにちわ」と書くひとは珍しくありません。上記告示では『助詞の「は」は「は」と書く』と明記していますから、「わ」と書けば明らかに誤用です。「こんにちは」とは、「今日は良いお天気ですね」とか、「今日はお出かけですか」というときの後の部分を省略した表現ですから、本来「わ」でなく「は」でなければならないのです。

　ただ、「コンニチワ」とか「コンチワ」などとカタカナ表記する場合には、どういうわけか「ワ」と書くことが多く、広く一般化しています。それが本家返りのような現象として仮名遣いに反映して「こんにちわ」となっているといえるかもしれません。識者のなかには、いずれ「こんにちわ」も公的に認知されるときが来るだろうというひとさえいますが、現時点では間違いです。

　上記告示には、「法令、公用文書、新聞、雑誌、放送など、一般の社会生活において現代の国語を書き表すための仮名遣いのよりどころを示すものであること」と述べており、具体例も多く紹介されていますから、関心のある読者は確かめてみるとよいでしょう。

● 練習問題（22）

手紙を書く際の問題です。封筒の宛名（あてな）の左下（横書きなら右下）に添える「脇付」（わきづけ）の用語と使用法の説明で正しいものはどれですか？

A　机下（きか）…………目上のひとまたは同輩に対して使う
B　足下（そっか）………目下のひとに対して使う
C　硯北（けんぽく）……目上のひとまたは同輩に対して使う
D　親展（しんてん）……親しいひとに対して使う
E　平信（へいしん）……普通の近況報告のときに使う

回　答

「脇付」の意味は次のとおりです。B、Dが誤りです。

A　机下（きか）…………目上のひとまたは同輩に対して使う
B　足下（そっか）………目上のひとまたは同輩に対して使う
C　硯北（けんぽく）……目上のひとまたは同輩に対して使う
D　親展（しんてん）……他見を憚る内容のときに使う
E　平信（へいしん）……普通の近況報告のときに使う

机下とか足下というのは、この手紙は机の下とか足元にでも置いて、もしもお暇なときがあればご覧ください、という意味です。

硯北とは、同じく机上の硯（すずり）の北の辺りにでも置いてください、という意味が込められています。いずれもへりくだった表現ですが、手紙を直接渡すのは失礼であり、恐れ多いことであって、身の廻りのどこかその辺に置いていただき、もし少しの時間があって、気が向いたときにでもお読みいただければ有難いです、という発信者の恐縮の気持ちを表しています。ほかにも、

▶御礼……………………お礼の手紙ですという表示
▶至急……………………急ぎの内容を書いた手紙ですという表示

▶**直被（じきひ）**……親展と同じ意味

など、封筒の表面に書いて中身を予告する役割を担う脇付があります。

いずれも謙譲の精神から発せられたものです。メール全盛の時代には昔日の感ありですが、知っておいて損にはなりません。

● 練習問題（23）

次も手紙を書くときの問題ですが、「頭語」と「結語」の組み合わせです。誤りはどれですか？

A	拝啓	敬具	B	拝啓	草々
C	前略	敬具	D	前略	草々
E	謹啓	敬具	F	謹啓	かしこ
G	拝復	謹白			

回　答

B、Cは誤り、Fは書き手が男性なら誤りです。「かしこ」は女性限定の結語です。近頃ではよほどの年配者でもない限りお目にかかる機会はめっきり減りました。

頭語と結語の組み合わせは、アタマからワンセットで覚えてしまうことです。慣習的な組み合わせです。パソコンのソフトにあらかじめ組み込まれており、「拝啓」と入力すれば自動的に「敬具」が記されるという親切なシステムもあります。

パソコン入力の際に気をつけなければならないのは、あれこれ推敲を繰り返すうちに、いつの間にか「敬具」が何処かへ消えてなくなり、気づかないまま放置されるケースが多いことです。注意していればよく見かける例です。

練習問題（24）

・消防署のほうから参りました。お宅では消火器を常備されていらっしゃいますか？
この表現に問題があれば指摘してください。

回 答

　消防署から来たのではなく、……のほうから来たとは、モノゴトを遠回しにぼやかす表現です。ある意味で日本人の得意な語法といえるかもしれません。曖昧です。消防署から来たとはひと言もいっていないわけですから、逃げ口上であり、いざという場合に備えた責任回避の語法ともいえます。
「洋食より和食のほうが好きだ」といえば、これは比較対象とする相手があるわけですから、……のほうといって問題はありません。「ほう」とは「方」ですから、本来はそのような使用法が正しいといえます。
　たとえば、「コーヒーのほう、お持ちしました」。
　これも同じ語法です。コーヒーとトーストのふたつを注文したお客さんに、まずコーヒーのほう（だけ）をお持ちし、その後にトーストをお持ちするというならよいのですが、コーヒーを単独でそれだけ注文したお客さんに、……のほうとは、やはりオカシイ。
　口語であれば発言した途端にその言葉は消えてなくなりますが、文字にすると日本語として間違いであることがハッキリしてしまいます。
　書くということには記録性がありますから油断はできません。

1.3 ビジネス日本語トレーニング35

● 練習問題（25）

次の文には共通の間違いがあります。それは何ですか？
①この製品はIT技術の粋を集めた注目の新製品である
②昨日は渋滞が激しかったようで排気ガスが充満していた
③元旦の朝、家族そろって初詣に出かけた

回　答

　上記3例も話し言葉としてはよく聞く機会があり、ことさら問題視することは多くありません。聞き流す例といえます。しかしよく考えてみれば間違いです。書いてはいけません。

- **IT技術**……ITとは、Information Technology の略ですから、日本語に直せば「情報技術」です。IT技術というと「情報技術技術」ということになりますから、技術という言葉を重複使用することになり、間違いです。ただしあえて付記すれば、「世間で近年よくいわれるところの『IT』技術」というような書き方ならあり得ます。これはInformation Technologyの略語としてのITではなく、ある特別の定義づけをする意味のIT、としているからです。

- **排気ガス**……排気の気はガスと同意語ですから、1例目と同様です。排気で十分。または排ガスならOKですが、「排ガスガス」ということはありません。何気なく口語として使用することがあったとしても、書けば間違いです。

- **元旦の朝**……お手元の国語辞典を開いてみれば明瞭です。元旦とは、1月1日の朝のことですから、「1月1日の朝の朝」という必要はなく、間違いです。ついでに申し上げると、元旦は年に一度だけ、すなわち1月にしかありませんから、年賀状に「1月元旦」と書くことも間違いです。2月元旦はそもそもな

いのですから。

● 練習問題（26）

ファミリーレストランのスタッフが客席を巡回しているとき、お客さんにいった言葉です。
「お水は大丈夫ですか？」
この「大丈夫」とはどのような意味ですか？　また、用法としてどう考えますか？

回　答

「大丈夫」（だいじょうぶ）の元々の意味は「夫」という文字が示すとおり、国語辞書では①「成年に達した男子、一人前のおとこ」（前出『広辞苑』第四版）のことでした。お相撲さんのような体格の男子を想像すればよいと思います。昔の言葉に「ますらお」（漢字では益荒男）という言い方がありますが、どちらも「頼りになる、しっかりした、立派な男子」のことです。したがって、女の赤ちゃんを指して「丈夫そうな赤ちゃんですね」という言い方は、実は必ずしも褒め言葉にはならないと考えるべきでしょう。

　転じて、②「しっかりしているさま。ごく堅固なさま。あぶなげのないさま」を意味するようになります。地震でも大丈夫な建物。彼に任せれば大丈夫。

　さらに転じて、③「間違いなく。たしかに」という意味でも使用されています。大丈夫、心配ないよ。大丈夫、ちゃんとやるから。

　コップのお水がまさか立派な男子ではありませんし、堅固でもしっかりしているのでもないでしょうから、これはいったいどういうことでしょう。

> ### 急激に変化する口語　ゆっくり変化する文語
>
> 「ら」抜き言葉
> 見られる → 見れる　　食べられる → 食べれる
>
> **秋葉が原 → 秋葉原**
> アキバガハラ → アキバハラ → アキハバラ
>
> 新た → 新しい
> あらた → あらたし → あたらしい
>
> **大丈夫？**
> 立派な男子（ダイジョウフ）→ OKという意味（ダイジョウブ）

あえて解釈すれば、③コップにお水は間違いなく、たしかに入っている、という確認をお客さんに求めた言葉ということでしょうが、国語辞書的にはいささか大袈裟で、いわれてみれば違和感を抱く読者は多いのではないかと思います。これもさきほどから繰り返しご紹介している「変化する言語」の一例であるとともに「マニュアルの弊害」と私は考えています。

この場合の私の意見は、「お水はございますか？」とか、「お水をお注ぎいたしましょうか？」とマニュアルに書き、そのようにスタッフを指導すべきです。

なお、大丈夫と対（つい）を成す単語に「女丈夫」（じょじょうふと読み、こちらは濁音なし）という言葉があります。文字どおり女傑とか女だてらにという意味ですが、最近はほとんど聞くことがありません。このような言葉を「死語」といい、変化する言語の世界で生き残れなかった言葉です。

死語と思われる言葉はほかにもたくさんあります。例があまり適切ではありませんが、「あたり前田のクラッカー」とか「あっと驚くタメゴロー」とか、お若い方はご存知ありますまい。反対

語は「流行語」といってよいでしょうか（死語に関心のある方は、小林信彦『現代〈死語〉ノート』岩波新書をご覧ください）。

試しに「女丈夫」を辞書を引いてみると「心（しん）が強く、気持ちのしっかりした女性。女傑」と書いてありました（三省堂『大辞林』第三版）。

そういう女性なら、いくらでもいらっしゃると思うのですが。

● 練習問題（27）

次の文はどこか変です。どこがどのように変ですか？ どのように直せばよいでしょう？
A……中期経営計画は、さまざまな課題を挙げて協議を行なっています。
B……××駅を中心とする町の活性化は、地域住民を中心に行政と一体となって新しい街づくりを目指します。

回　答

文の基本、「主語」と「述語」の対応関係の問題です。A、Bともに……は、という主語と、……ます、という述語が正しく対応していません。

A……「中期経営計画は、さまざまな課題を挙げて協議を行なっている段階です。」または、「中期経営計画は、さまざまな課題を挙げて協議中です。」とすれば主語と述語が対応します。

B……「××駅を中心とする町の活性化は、地域住民を中心に、行政と一体となって目指す必要があります。」または、「××駅を中心とする町の活性化のために、地域住民と行政が一体となった新しい街づくりを目指します。」とすれば対応します。

上記のように主語と述語が対応しない文ができてしまう理由は、①書き始めから文末まで、文全体を見通す姿勢に欠けていること、②書き手の思い込みや感覚だけで書いており、読み手に対する配慮に欠けていること、などが原因です。

この是正には書く回数を増やし、場数を踏むことで書き手の気づきが生まれることに期待するしかありません。類似経験に心当たりがある読者各位には、「トレーニング＆トレーニング」と申し上げたいと思います。

● 練習問題 (28)

A　美しい着物姿のお嬢さん
B　美しい、着物姿のお嬢さん
C　美しい着物姿の、お嬢さん
上記3例の違いはどこにありますか？

回答

ご覧のとおり、3例の差はただひとつ、読点（テン）の位置です。たかがテンですが、されどテンで、3例を比較すると、それぞれ意味が異なります。Aについて申し上げると、美しいのは着物姿かお嬢さんかわかりません。Bでは、美しいのはお嬢さんであって、そのお嬢さんは着物を着ています。Cでは、お嬢さんがおり、そのお嬢さんは美しい着物姿だということをいっています。したがって、

A　不明
B　美しいのはお嬢さん
C　美しいのは着物姿

ということです。

このように、たかが読点の打ち方ひとつで文の意味が変わってしまうことに留意が必要です。すなわち、読点の位置（句点も含めて句読点といってもよい）は、誤読されないために然るべき位置に置かなければなりません。

昔、中学生になってはじめて漢文なるものを目にしたとき、全文漢字だけであることにも当然驚きましたが、それよりなにより句読点が一切ないのですから、どこが区切りかまったく判然とせず、戸惑ったものです。幸いにして私たちには句読点という便利で親切な制度（？）があるのですから、ぜひ丁寧に取り扱いましょう。理屈をいえば、「着物姿」は事実、「美しい」は書き手の主観ですから、ふたつのことを同時に書こうとするとこのような問題が生じます。

句読点の重要性については、本多勝一著『新装版　日本語の作文技術』（講談社）がたくさんの事例を紹介しており、大変勉強になります。本多勝一によれば、「テンというものの基本的な意味は、思想の最小単位を示すもの」と定義されています。事実と主観の混在どころか、テンとテンの間には「ひとつのことだけ」を書きなさい、という教えです。

なお、書き手のいいたいことが「美しいお嬢さん」なら、読点の位置で悩む以外の方法として、「着物姿の美しいお嬢さん」と書くと誤読がなくなります。

● 練習問題（29）

次の記述で正しい解釈はどれですか？
A　「やばい」とは、危ない、拙い、望ましくない、何か悪いことが起きるという意味だ。

> B　「やばい」とは、素晴らしい、素敵だ、望ましい、カッコイイという意味だ。

回　答

　言葉は時代の変遷とともに変化していきます。かつての意味がまったく異なる意味へと変化していくことも珍しくありません。「最近の日本語は乱れている。けしからん」と怒ってみても、それは致し方のないことです。私たちの生活は言語のためにあるのではなく、言語が生活のために存在する以上、生活者の側からの特に口語の変化は、誰にも止められません。

　2004年に文化庁が行った『国語に関する世論調査』によれば、「やばい」を「とても素晴らしい、良い、おいしい、かっこいい」という意味としていうことがあると回答したひとは18.2％、いうことがないと回答したひとは81.4％でした。

　しかし、年齢別データをみると、10代は7割（70％）以上（超）、20代では5割超ものひとが肯定的な意味として「やばい」を使うと回答しており、逆に60代以上では1割未満しかいませんでした。

　このことから、上記問題の回答としては、世代によって解釈が異なる、ということになるでしょう。正反対の解釈が並立しているのが現状ですが、「やばい」が肯定的な意味で使われるようになったのは、1990年代前半からのようです。

　ちなみに同調査の2010年度版からふたつご紹介しておきます。いわゆる「ら抜き言葉」に関する調査結果の一部です。少しずつですが「ら抜き言葉」が社会に浸透している傾向が読み取れます。

● 「来られますか」と「来れますか」。どちらを使いますか？

2010 年度調査	来られますか	47.9%	来れますか	43.2%
2005 年度調査		52.7%		35.4%
2000 年度調査		54.2%		33.8%
1995 年度調査		58.8%		33.8%

● 「考えられない」と「考えれない」。どちらを使いますか？

2010 年度調査	考えられない	88.2%	考えれない	8.1%
2005 年度調査		89.3%		5.7%
2000 年度調査		88.7%		5.9%
1995 年度調査		88.8%		6.7%

　このような調査や研究活動は、言語学のなかでも特に「社会言語学」と呼ばれ、社会生活における言語の役割や変化を探求する学問として、近年急速に活動が活発になっている分野です。「緊張感のある空気」、「気まずい雰囲気」のなかにあるときと、「和やかな空気」、「親密な雰囲気」のなかにあるときとでは、発する言葉が自然に異なるはずです。

● 練習問題（30）

A　彼は仕事をきちんとやるひとだ
B　彼は仕事をちゃんとやるひとだ
C　彼は仕事をしっかりやるひとだ
上記3つはどこが違いますか？

回　答

どれも似たような表現ですが、ニュアンスは微妙に異なる気がしますね。とはいえ、いざ説明せよといわれてもなかなか困難です。

こういうときは辞書で確かめるほかありません。

- **しっかり**【確り・聢り】（副詞）　①たしかなさま。ゆるぎのないさま。②気を引きしめるさま。気丈なさま。③ぎっしり。たくさん。④市場に活気があり、相場が下落しそうにないさま。その程度が低い時は「小確り」という。
- **きちんと**（副詞）　①乱れなく、整って。②過不足なく、正確に。
- **ちゃんと**（副詞）　①すばやく。さっと。②きまりよく。きちんと。しっかりと。たしかに。

（岩波書店『広辞苑』第四版）

これらの副詞は、口語的にはしばしば使われますが、イメージ的、情緒的な表現ですから、ビジネス文書には不適切であることが多いため、使用に際しては注意を要します。

私の職場では、「計画どおりきちんと進めます」などと、かつてはよく耳にしていました。ところが、いつもきまり文句のように「きちんと」を繰り返していると、あまり意味がないことに気がついたひとも出てきたためか、いつしか「きちっと」という表現に変わっていきました。さらに近年は「きちっと」も流行らなく（？）なり、「きっちり」というひとさえ登場しています。

ことほどさように、「きちんと」にせよ「きちっと」、「きっちり」にせよ、ほとんど気分を表現しているだけです。口語として会議などで発言するときには、意欲や情熱が伝わることも多く、決して意味がないわけではありませんが、書くときには正確な意味を、それこそ「きちんと」、踏まえておくべきです。

さて、ここまでのトレーニングとしては、計30問の練習問題にチャレンジしていただきました。回答の出来不出来はさておき、なんだか面白い、ややこしいな、なるほど知らなかったなあと感じていただけたら幸いです。

この調子でもう少しお付き合いください。

ここからは〈第2段階〉です。街で、ご家庭で、または会社でも見かけたことがあるはずの事例から出題しましょう。やや応用編に入りますが、どれも心当たりがあるはずの事例ですから、面倒がらずにトレーニングをエンジョイしてください。

● 練習問題（31）

店頭や駅のポスター、掲示板などでよく見る用法です。
「お客様各位」これは正しい用法でしょうか？

回 答

本来的に考えると正しい用法とはいえず、むしろ明らかな間違いというべきです。

先に述べたとおり、「各位」とは「皆々様」という意味ですから、「先生様」が繰り返しであるように、「お客様皆々様」ということになり、敬称を二度繰り返すことになってしまうからです。

したがって、「顧客各位」とか「来店客各位」、「取引先各位」とすべきでしょう。用途や目的にもよりますが、お店の掲示物やポスターなら「お客様へ」とするのもよいでしょうし、単に「各位」で構いません。かえって端的、適切です。

ところが言語というものは生き物であり、であるが故に変化していきますから、多くの場所で多くのひとが「お客様各位」を使

用すれば、読み手にも違和感がなくなり、いつの間にかそれが正となって社会的に定着してしまいます。

「お客様各位」はその典型例といえるかもしれませんし、あまりメクジラを立てることもない話ですが、私が若いころ、少なくとも30年前にはほとんどなかった用法だということは知っておいてください。

たとえば練習問題（29）でご紹介した「ら抜き言葉」です。「食べられる」：「食べれる」、「着られる」：「着れる」など、「ら抜き」が近年流行の言い方ですが、会話をそのまま書き物にすると、ケースによっては恥をかくことになりかねません。口語は時代の変化によって急速に変わっていき、文語はゆっくり変わっていきます。

「お客様各位」の場合は省略とは逆に、丁寧に、正確に、失礼のないようにという気持ちが、書き手に余計な語句を使わせたのでしょう。特にビジネス文書において「端的さ」は KEY POINT です。

● 練習問題（32）

職場に○○さんあての電話がありました。生憎（あいにく）○○さんは休暇取得で今日一日不在です。応対したAさんの次の対応は適切といって問題ないですか？

「申し訳ございません。本日○○は休暇を頂戴しておりまして不在ですが……」

回　答

よくある社内風景です。特に間違っているとは思えませんし、隣で聞いていたとしてもむしろ耳触りとしては悪くない丁寧な応対といえそうです。会社で作成した「電話応対基本マニュアル」

に書かれている模範解答かもしれません。

　しかしちょっと待ってください。休暇は誰からもらっているのでしょう。そもそも休暇は、誰かから有難く「頂戴するもの」でしょうか……？

　話をあまり理屈っぽくするのもどうかとは思いますが、少なくとも○○さんの休暇は、電話の相手から「頂戴」したわけではありません。せっかく掛けていただいた電話の相手方に対する当方の恐縮の意を表明したいというＡさんの気持ちは理解できるとしても、この表現はロジックとしても事実関係からも成立しない、というべきでしょう。

　また、「不在ですが……」という具合に、余韻を残すことで「どうしたらよいでしょうか」と、相手方にその後の対応を全面的に委ねるというのも、電話の受け手のＡさんとして適切とはいい難いと思います。ある意味では、Ａさんの「逃げ的発言」または「凭れ的発言」といえるからです。

　このように考えたとき、正解としては次のとおりです。
「申し訳ございません。本日○○は休暇を取得しておりまして、終日不在でございます。ご用件は代わりにわたくしが承りますが……」
　または、
「申し訳ございません。本日○○は休暇を取っておりまして、あいにく在席しておりません。わたくしでよろしければご用件を承りますが……」

　この場合の「承りますが……」という余韻は、当方からの一次提案に対する判断を相手方に求めており、問題例と比べて一歩だけですが前向きです。

　また、「終日不在」という文言は、休暇取得の結果としての状況説明ですが、最近は午前中だけの休暇や午後だけの休暇を制度化している会社もありますから、今日一日不在であることを明確

にする表現といえます。

　耳触りが悪くないから、丁寧な印象を受けるから、マニュアルに書いてあるからといって、鵜呑みにしてはいけません。この際はマニュアルの修正をおすすめしておきたいと思います。

● 練習問題（33）

A　かしこまりました。それでは明日の午後3時に届けさせていただきます。
B　このたび取締役に就任させていただきました。
C　当社新製品のカタログを同封させていただきますのでご高覧ください。
この3例を読んで指摘すべきことがありますか？

回　答

「させていただく」とは、近頃流行のフレーズです。しばしば耳にしますし、目にもします。かくいう私も電話などではつい使ってしまうことがあります。
　しかしながら、「させていただく」は、元来謙譲語でもないし丁寧語でもありません。説明するなら宗教語で、阿弥陀信仰から出た用法です。つまり浄土真宗の言葉です。
　今日、午後3時にお届けできるのも、私が取締役に就任できたのも、そしてわが社の新製品カタログを同封できることについても、この世に起きるすべては「阿弥陀様のおかげ」であり「南無阿弥陀仏」である、という意味です。阿弥陀様に対して「させていただく」のであって、この場合の対象はお客様でも取引先で

もないのです。

この語法は、全国に進出した浄土真宗信徒の近江商人が無意識に広めたものであるといわれています。確かにどことなく丁寧な表現のような気分がありますから、知らず知らずのうちに広まったのでしょう。直観的な語感としては決して悪くないことも、また、直截(ちょくせつ)でなく控えめで婉曲的な表現であることも、多くのひとに支持され、広まった理由かもしれません。

今朝は6時に起床させていただき、朝食を美味しく食べさせていただき、いつもどおりに会社に出勤させていただき、今日も忙しく働かせていただき、帰宅してからはプロ野球のナイトゲームをTV観戦させていただきつつビールの一杯も飲ませていただき、夜10時過ぎには寝させていただき……。

この話は司馬遼太郎の『街道をゆく』第24巻「近江散歩・奈良散歩」（朝日文庫）に紹介されていますから、関心のあるひとは確認してみてください。司馬遼太郎によれば「明治文学にこのような表現は見当たらない」ということですから、昭和30年から40年ころの高度経済成長期以降の流行だろうと思いますが、そういわれてみると私の若いころには聞いた記憶も読んだ覚えもありません。

ただ、文化庁の文化審議会国語分科会が2007年2月に答申した「敬語の指針」では、「させていただく」の使い方について次のように触れています。

……「自分側が行うことを、ア）相手側又は第三者の許可を受けて行い、イ）そのことで恩恵を受けるという事実や気持ちのある場合に使われる」

なるほどそのように説明されると納得できないこともありませんが、現実には、上記条件を満たしていないにもかかわらず、満たしているかのような見立ての上にたって使う用法が、近年急速に広まっており、その見立ての不自然さがあると感じた場合に、

聴き手や読み手は違和感を持つのだと考えられます。

つまり、この条件をどの程度満たすかによっては、適切でない場合や押しつけがましささえ読み手や聴き手に抱かれるケースがある、ということでしょう。

A かしこまりました。それでは明日の午後3時にお届けいたします。
B このたび取締役に就任いたしました。
C 当社新製品のカタログを同封いたしますのでご高覧ください。

これで十分です。これ以上でも以下でもないのです。商売人的謙譲精神からいえば阿弥陀様どころか「お客様は神様」ですから、後先無視で控えめに、徹底してへりくだっておかしくないのかもしれませんが、ビジネスシーンでの「させていただく」の多用には注意が必要です。

「このスペースは、誠に勝手ながら、午後4時以降、ビアガーデンとして使用させていただきます。恐れ入りますが悪しからずご了承くださいませ」

これは、東京の繁華街にある老舗百貨店の屋上に掲示された来店客向けの断り書きです。殷懃（いんぎん）な、いかにも百貨店らしい文言ですが、この表現方式を正とするなら、「このスペースは、誠に勝手ながら、来月から女性服売り場とさせていただき」、「紳士服売り場は、誠に勝手ながら、スペースを縮小させていただき」、「この先は従業員専用出入り口とさせていただくので、恐れ入るけれども立ち入り禁止とさせていただく」ことにしなければ筋が通りません。百貨店はいったい何を恐れ入るのでしょうか。「このスペースは、午後4時以降、ビアガーデンとして使用いたします」

で十分です。

たとえていえば、上司である部長から「まあ、君もここに一緒に座って飲もう」とでもいわれたとしましょう。この場合こそ、文化審議会のいう「自分側が行うことを、ア）相手側または第三者の許可を受けて行い、イ）そのことで恩恵を受けるという事実や気持ちのある場合」に当たりますから、「はい。有難うございます。ご一緒させていただきます」というセリフには文法的にも妥当性があります。

したがって、「させていただく」を、キリスト者や真言宗信者が頻繁に書いたり話したりすると、浄土真宗の信仰者に対して少々気まずい、ということになりかねません。「させていただく」を連発する相手にあえて嫌味でもいうとすれば、「あなたは阿弥陀様を信仰していらっしゃるのですね」とでもいってみたらどうでしょう。それこそ正にイヤミですが。

● 練習問題（34）

ある私鉄線の駅アナウンスからの問題です。
「4番線に急行電車が参ります。急行電車は大変混み合っておりますので、お時間に余裕のあるお客様は、3番線に停車中の普通電車も併せてご利用ください」
このアナウンスには間違いがあります。指摘してください。

回 答

急行電車と普通電車を併せて利用することは不可能です。右足を急行電車に、左足は普通電車に乗せろとでもいうのでしょうか。
お時間に余裕のあるお客様は、3番線に停車中の普通電車をご

利用ください、といえば必要にして十分です。これは、そのように書かれたマニュアルが間違いであり、中身よりアナウンスの際の語呂や言い回しを優先した結果といえるかもしれません。

　原案の書き手の意思は、「お時間に余裕のあるお客様は、3番線に停車中の普通電車と4番線の急行電車の<u>両者を併せて比較検討し、最終的には無理なくどちらか一方を選択してご利用ください</u>」ということが言いたかったであろうと考えられます。その長々しさを避けたいがために、<u>併せてご利用ください</u>だけを残したところがまずかったわけです。

　いずれにせよ文書は結果です。書いた後、いつでもだれが読んでも正当性・妥当性が確保されている必要があります。マニュアルを書いたひともチェックするひとも、そしてアナウンスする駅員も疑問に思わないまま文書化されているという点を問題にしたいと思ってご紹介した次第です。

　結果として、<u>併せて</u>は余計なひと言です。

● 練習問題（35）

「例年どおり、工事労災保険の手続きのために必要ですから、平成24年4月1日から平成25年3月31日までの建設工事完成工事高の実績データについて、添付の指定用紙を使って4月12日金曜日までに総務部長あてに提出してください。」
上記文章をわかりやすく、実務的に書き直してください。

回　答

　箇条書きに関する問題です。以下のように書けば正解です。

①件　　名　　「建設工事完成工事高」実績データ提出のお願い
②該当期間　　平成 24 年 4 月 1 日〜平成 25 年 3 月 31 日（完工分）
③目　　的　　工事労災保険手続きのため
④期　　限　　4 月 12 日（金）厳守
⑤提 出 先　　総務部長
⑥注　　記　　添付の指定用紙を使用のこと

　これがビジネス文書作成の基礎の基礎、基本の「き」、「箇条書き」の一例です。目的は必要事項の洩れを防ぐこと、そして一目瞭然、読み手にわかりやすいことです。箇条書きの習慣を身につければ、どのような文書でも同じ姿勢で対応できます。
　必要事項の洩れを防ぐということは、同時に書き手のアタマの整理にも役立ちます。

　以上、35 問の練習問題を入り口に、どのように書けばよいか、どうすれば書けるようになるか、書くことの苦手意識をどう解消すればよいか、長年の私の実務経験から学んだことをベースにお話しすることにいたしましょう。

PART 2
聴く力・話す力・読む力・書く力 30

「書けない」とは、実は「読めない」こと。
元をただせば「話せない」「聴けない」こと
でもあります。
ビジネスシーンで"発信力"を高めるためには
まず"受信力"トレーニングが必要です。
コミュニケーションの 4 象限について、
お話ししましょう。

2.1 ビジネスシーンのコミュニケーション能力

2.1.1 コミュニケーション能力とは

communication ability とは、一般に「他者との意思疎通能力」と定義されます。

その中身については、次のように理解されています。

- ▶言語による意思疎通、合意形成能力
- ▶感情を相互に理解し、信頼関係を構築する能力
- ▶非言語的要素に基づく意思疎通能力
- ▶論理的表現力（米・仏などの教育では特に重視）
- ▶意思疎通・協調性・自己表現能力（厚労省による「就職基礎能力」の定義）
- ▶交渉力・説得力・折衝力（ビジネスシーンでは特に重視）

これを「**発信者**」と、「**受信者**」に分けて図示してみましょう。

次の図のようにあえて図解してみると、〈発信器・受信器の性能〉が問題です。

なぜなら、どちらかまたはどちらもその性能が劣れば、結果として発信者の意図は「伝わらない」か「誤解されて伝わる」ことになるからです。

さらに発信者と受信者が３人、４人と増えていけば、相互反復構造の図のように全体構造はどんどん複雑になっていきます。

発信者は常に発信者ということでなく、ときに受信者ともなり、また発信者として繰り返し発信を続けることにもなります。

また、ノイズつまり非本質的な雑情報や周辺情報、誤情報も増

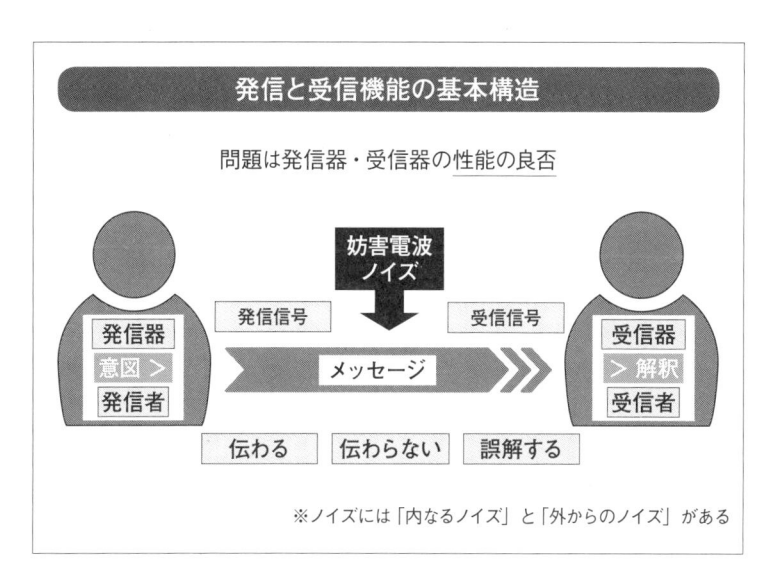

2.1 ビジネスシーンのコミュニケーション能力

発信と受信機能の基本構造

問題は発信器・受信器の性能の良否

発信者（発信器／意図） → 発信信号 → メッセージ → 受信信号 → 受信者（受信器／解釈）

妨害電波ノイズ

伝わる　伝わらない　誤解する

※ノイズには「内なるノイズ」と「外からのノイズ」がある

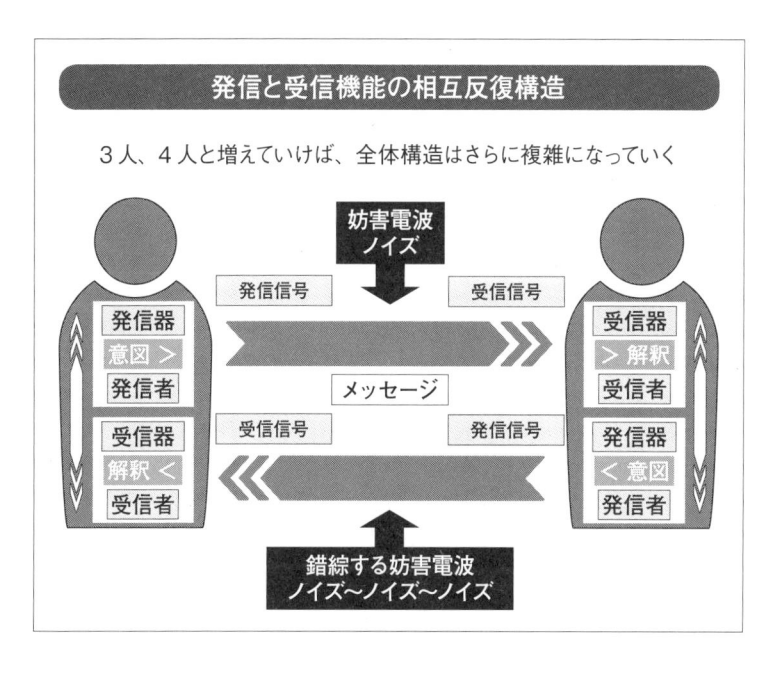

発信と受信機能の相互反復構造

3人、4人と増えていけば、全体構造はさらに複雑になっていく

発信者（発信器／意図）→ 発信信号 → メッセージ → 受信信号 → 受信者（受信器／解釈）

受信者（受信器／解釈）← 受信信号 ← メッセージ ← 発信信号 ← 発信者（発信器／意図）

妨害電波ノイズ

錯綜する妨害電波
ノイズ〜ノイズ〜ノイズ

えていくでしょう。

ノイズには、外的ノイズのみならず内的ノイズもあります。受信者側の思い込みや偏見が内的ノイズの原因です。

このような相互反復構造は、コミュニケーションの難しさを示しています。

ここで理解しておいていただきたいことは、「コミュニケーション能力とは、発信機能だけではなく、受信機能とセットである」という点です。

2.1.2 コミュニケーション手段の4象限

次図は、コミュニケーションの主要な手段4つを図解したものです。「主要」と書いたのは、非言語コミュニケーションを除くという意味です。

4つの手段とは、「聴く」・「話す」・「読む」・「書く」ことですが、「書ける」ようになるためには、他の3つが前提となり、その成否、適否または能力が「書く」ことにはおおいに関係しています。

つまり、「書けない」とは、実は「読めない」ことであり、元を辿れば「話せない」「聴けない」ことでもある、ということを申し上げたいと思います。

国語学者・時枝誠記は、『国語学原論（続篇）』（岩波文庫）のなかで、この4つを「言語行為」としたうえで、聞く・読むを「理解行為」、話す・書くを「表現行為」と分類しています。

また、聞く・話すを「音声言語」、読む・書くを「文字言語」とも分けて説明しています。この整理を土台にして、以下、私なりの解説を試みることにいたします。

まず、「聴く」・「話す」・「読む」・「書く」という4つの手段を左右2つに区分してみます。

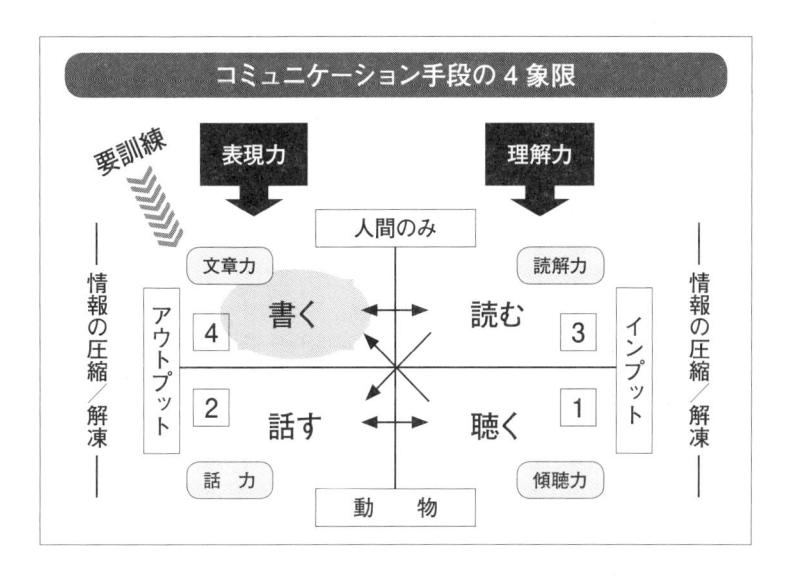

コミュニケーション手段の4象限

要訓練

表現力 → | 理解力 →

人間のみ

- 文章力 / 書く　4 ← アウトプット
- 読解力 / 読む　3 ← インプット
- 話力 / 話す　2
- 傾聴力 / 聴く　1

情報の圧縮／解凍

動物

◎情報インプットの側面＝IN

「聴く」と「読む」の2つは、自らに対するさまざまな周辺情報の入力作業です。

近頃流行の言葉でいえば〈受信力〉ということになります。多くの場合、受信なしに発信はあり得ません。書けないひとの多くが実はインプットの側面に課題を抱えています。

◎情報アウトプットの側面＝OUT

他方、「話す」と「書く」の2つは、周辺に対して自らが発する出力作業です。

したがって、こちらは〈発信力〉です。発信するべき中身がありながら、そのスキルに欠けているために受け手に届かないとすれば、ここが問題です。

すなわち、コミュニケーション力とは、受信力と発信力のセットである、ということになります。世の中でコミュニケーション力というとき、往々にして発信力のことのみを指す場合が多く、

上手な話し方とか書き方ばかりが強調され、結果として大きな誤解が生まれているように私には思えてなりません。

大切なことは OUT ではなく、むしろ IN であるという点をこれからお話ししていくことにします。

次に 4 つを上下区分してみます。

	コミュニケーション・スキル	
IN →	聴く	十四の心で聴く 共感を持って聴く よく考えながら聴く
	話す	論理的に話す（結論から話す） 具体的に話す　　ポジティブに話す	→ OUT
IN →	読む	見るのではなく読む 先を読む、背後を読む 想像し読む
	書く	伝えたいことをわかりやすく書く 正確に書く　　習慣化する　要訓練！	→ OUT

◎動物共通の能力＝耳と口

聴いたり話したりは犬でも猿でもできます。犬や猿が何をどのように聴き、どのように話しているのか知りませんが、犬には犬語が、猿にはたぶん猿語があるのでしょう。

これを「言語」ということは現時点ではできませんし、それはさすがに無理がありますが、犬語解読の試みは一部の動物学者によって大真面目に行われていることもまた事実です。

◎人間のみに与えられた能力＝目と手

他方、改めていうまでもなく「読む」と「書く」については、人間のみが有する能力です。犬にも猿にも文字はありません。新聞も書籍もありません。犬には図書館通いもありませんし、会社勤めのワンちゃんなどあり得ないことです。

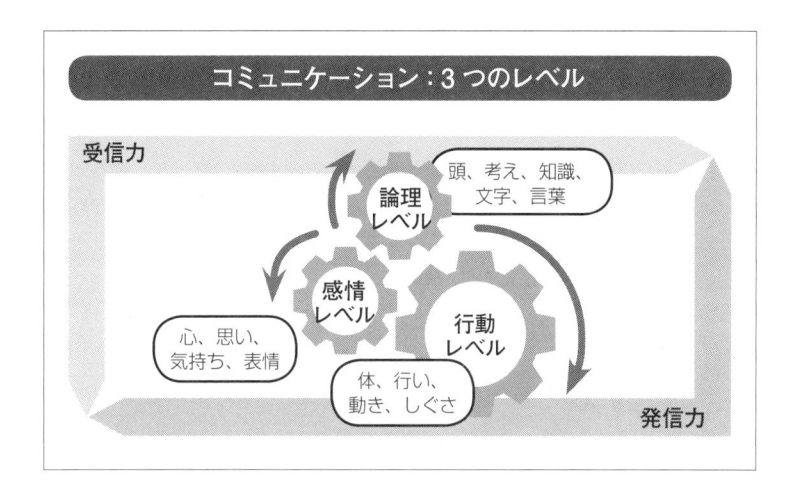

コミュニケーション：3つのレベル

受信力

- 論理レベル — 頭、考え、知識、文字、言葉
- 感情レベル — 心、思い、気持ち、表情
- 行動レベル — 体、行い、動き、しぐさ

発信力

　何を馬鹿なことを、と思われるでしょうが、「読む」のは嫌い、「書く」ことはもっと嫌いというひとは、人間であることを放棄し、いわば自ら〈犬猫同然〉の境遇に身を落とし、甘んじている、ということになりませんか？

　換言すれば、〈読み書き〉こそ人間を人間たらしめている重要要素であり、万物の霊長として他の動物と一線を画す根源だということです。したがって、〈苦手〉などといっている場合ではありません。書けないひとは犬猫同然といわれても反論できません。

　この4要素習得には「**聴く**」「**話す**」「**読む**」「**書く**」の順番があり、それは71ページの図記号①②③④のとおりです。いきなり「書く能力」が身につくのではありません。

　以下、その順番にしたがって話を進めていくこととします。

2.2 「聴く」コミュニケーション

2.2.1 動物はみな「聴く」からスタートする

　昔から「胎教」という言葉があるように、胎児は母親となるべきひとの胎内にいて、その声を聴いている、といいます。

　お腹の赤ちゃんに話しかけるといいとか、モーツァルトとかシューベルトとか良い音楽を聞かせると健やかに育つとか、経験的に多くの医師や妊婦が指摘していますから、たぶんそうなのでしょう。医学的な知識のない私が偉そうに申し上げることでないのは承知していますが、誰が教えたわけでもありませんから、これは本能と呼んでいいのかもしれません。

　考えてみれば、オギャーと生まれてすぐに赤ちゃんが文字の読み書きを習うことはなく、いきなり何かを話すこともないわけで、まず「聴く」ことからスタートするということは頷ける話です。子育て経験の豊富なお母さんによると、赤ちゃんは何かを考えているような、ひとの話を聴いているような、不思議な顔を見せることがあるそうです。

　人間ばかりではありません。犬も猫も猿も、おそらくは同じであろうと考えられます。

　ものの本によれば、赤ちゃんがオギャーと生まれ、成長する間に覚える言葉の数は次のとおりだそうです。無論、「聴く」ことで覚えるわけで、学校で学ぶわけではありませんし、本を「読む」のでもありません。最近注目されている「もっぱら聴くこと」で英語力をつけようという手法は、その意味でも理に適っているといえるでしょう。

> ▶生後12ヶ月　　5語
> ▶生後24ヶ月　　260語
> ▶生後36ヶ月　　800語
> ▶生後60ヶ月　　2,000語

普通、日常生活で会話するために必要な言葉は3,000語から5,000語程度とされていますから、幼稚園に入るころには、ほとんど支障なく言葉を覚えてしまうということです。

2.2.2 「聞く」のではなく、「聴く」ということ

コミュニケーションの重要性については、改めて説明するまでもありませんが、「話す」「聴く」あるいは「読む」「書く」というコミュニケーションの主要4要素のなかでも、特に最近注目されているのが「聴く」能力、すなわち「傾聴力」です。求められるのは、真の意味合いを聴き取る力です。

ここで注意していただきたいのが、「聞く」ではなく「**聴く**」という表記をしている点です。細かいことをいうようですが、実は「聞く」と「聴く」は同じではありません。

単に表記の話ではないと思っていただきたいのです。「聴く」の文字を分解すると、十四の心で聴く、です。

> ▶聞く……音として耳で聞くこと。　　hear
> ▶聴く……言葉の意味を聴くこと。　　listen

したがって、コミュニケーションとしての真の意味におけるキクとは、「聴く」でなければなりません。

2012年の年間ベストセラーになった阿川佐和子さんの著書『聞く力』は、150万部超の販売実績を残し、いまもまだ売れ続けているそうですが、こちらはインタビュアーとしての経験談ですから「聞く」と表記されています。

しかし、私たちは聴き手と話し手のコミュニケーションを問題にしているわけですから、次に取るべき対応に繋がらなければ意味がありません。キクことがもっぱらのインタビュアーとは、ここに大きな相違があります。

▶聞く……答える、answer
▶聴く……応える、reply、response

ただ単純に、ビジネスマンが上司の質問を音として聞いていると、答えもまた単純に、ごく浅いところでしか出てきません。
具体的には、たとえば、以下のような会話です。

▶聞く：「昨日の昼は何を食べたっけ？」
　答え：ラーメンです。
▶聴く：「昨日の昼は何を食べたっけ？」
　応え：焼き魚定食を食べに行きましょう。

上司が本当に質問したことを「聴く」観点に立てば、それは、昨日の昼食に自分は一体何を食べたのかという事実そのこと自体ではなく、「空腹になってきたので、早く何か食べに行きたいという気持ちを表している」ということを、私たちは読み取らなければなりません。

だからこそ、「応え」としては（昨日はラーメンだったのだから、今日は別のものと考えたうえで）、次の次元に進み、焼き魚定食を提言する、ということになります。これが「聴く」ということ

です。

　換言すれば、「応える」とは、自らのアクションを含むことになります。

「傾聴力」を高めるとは、表に現れた言葉の奥の意味合いを聴き取り、裏に隠れた真の気持ちや本音を掴む力を高めることに他なりません。

　表面的で空虚な会話を脱し、真の意味における**コミュニケーション能力を高めるには、「聴く」という姿勢・態度が大切です。**

　もちろん、これは一朝一夕にできることではありませんが、注意深く接していれば、不可能ではないでしょう。

2.2.3 子供は質問の天才である

　子供は誰でも質問の天才です。「ねえ、ねえ、どうして──は、──なの？」。

　どんなに単純な質問でも、どんなに苦笑するような質問でも、パパやママは子供の好奇心に応えようと一生懸命説明を試みます。子供が心底から納得したのかどうか、親としては判然としないままであっても、子供の「問題意識」は確実に高まっていることでしょう。

　ところが、いつの間にか、大人になるにしたがって、人はなかなか質問しなくなるようです。ことほどさように「聴く」とは案外難しいことです。特に我が国の実社会においては、「この俺に質問するとは生意気な奴だ」とか、「質問なぞは権威に対する挑戦だ」などと、あらぬ彼方へ妙に波及することも多く、次第に「質問力」は衰えていくかのようです。

　しかしながら、実は**「質問力」は学習力のひとつであり、質問することによって新しい知識を得たり、認識が共有できたり、モ

チベーションを高めたりすることができます。

　子供のように、とは申しませんが、できるだけ多くの質問を心がければ、仕事力は必ずアップします。つい質問を恐れてしまうのは、「つまらない質問は馬鹿にされるだけだ」とか、「こんなことを聞いたら失礼になるかも」という余計な心理が否応なく大人には働くからです。

　一般に、日本のビジネス組織の中では、上司が昔の自慢話をしたり、上司だけが知っている情報をベースに、部下に対して一方的な説明をすることが多いわけですが、常にその説明が必要にして十分であるとは限りません。

　むしろ、部下の側に高い問題意識やテーマに深い関心があれば、質問が次から次に湧き出してくるのは当然です。上司の側に立つひとには、部下の質問を嫌うなと申し上げたいし、部下の方々には、上司への質問を恐れてはいけない、と申し上げたいと思います。

　そこで、ある中堅マネージャーのビジネスマンは、通常とは逆に、上司として部下に対して、ときどき質問をするよう心がけているそうです。特に人事異動で着任したばかりのニュー・フェイスには、意図的な質問をするといいます。

　〈ヒーロー・インタビュー〉と称するその質問は、「前の職場ではどんな成果を挙げたの？」とか、「キミの一番得意な分野はなんだい？」というもので、いわば部下の成功体験や嬉しかったこと、部下が誰かに好んで話したがることを意図的に聴く、というのです。

　こうした「質問力」は、相互のコミュニケーションを高めるだけでなく、コーチングの重要な道具（スキル）でもあります。

2.2.4 部下に聴け！

　昭和を代表する作家・開高健の著作に『風に訊け』というのがありましたが、それとは無関係ながら、「部下に聴け！」です。

　およそ上司ともなれば、特に管理職に昇格したばかりの新米マネージャーがときどき誤解するのですが、「私はナンでも知っている」「いつも的確に判断できる」、挙げ句の果てには「部下より優れている」というが如きはなはだしいカンチガイをしていることが、多かれ少なかれあります。

　それは上司のプライドであり、責任感から出るものではあります。確かに「頼りない上司だなあ」と思われたくない上司の気持ちはわかります。「なあんだ、そんなことも決められないのか」とは思われたくないし、部下から馬鹿にされたくもありません。

　もっといえば、上司とは、部下から頼りにされ、リーダーシップや判断力に優れ、業務知識は格段に詳しくて、どんな事態になっても慌てず騒がず、常に部下をリードする存在でありたいと願う生き物なのです。それはとりもなおさず、属する組織からそのように要求されているからに他なりません。

　客観的にいえば、そもそもそれは「無理な要求」であり、「無用のプライド」というべきです。上司とて神様ではあり得ないのですから、知らないことは知りませんし、できないことはやはりできません。

　たとえば、

　——今度の仕事だけど、A 社か B 社か、君はどう思う？
　——これ、正直いうと私はちょっと迷っているんだけど、君の意見を聴かせてくれないか？
　——僕はこれでいいように思うけど、貴君としてはどうだろうね？

こう聴かれた部下としては、「頼りない上司だなあ」とは決して感じないのです。むしろ部下は、「自分は頼りにされているのだ」とか、「私のことを尊重してくれている」と感じ、かえってモチベーションは上がるはずです。チームで仕事をしている以上、常に上司の知識が豊富で、判断も的確なはずがありません。担当者のほうが詳しいこともありますし、実務的実態をすべて管理職が承知しているとも限りません。

　上司よ、部下に対してもっと率直であれ、と申し上げたいと思います。

　なお、「部下に聞け」でなく、開高健のように「訊け」でもなく、あえて「聴け」とした理由については、前述のとおりです。

　小説の創造について、作家の三浦しをんさんは次のように語っています。

　……「小説を書くという行いは、『聞く』ことで成り立っている。

　たとえば林業についての小説を書こうと思ったら、林業に従事するかたがたに取材し、お話しをうかがう。山の風景を見て、木々をわたる風の音に耳をすます。『聞く』＝『インプット』がなければ、小説を書きはじめることはできない。

　実際に書きだしてからも、登場人物の声に耳を傾ける。集中して小説を書いていると、脳内から聞こえてくる登場人物の声を聞き取り、文章化するだけの、『筒』になったような気がする瞬間がある。

　小説を書くことだけにとどまらず、あらゆる創造的な行いは、『聞く』ことによって成立するのかもしれない。自分以外のひとの声、声にならない声、まだ見ぬ世界からの声。さまざまな声をキャッチし、想像力をもって耳を傾けること。

　対話も、新たな創造も、そこからしか生まれないのだと肝に銘

じて、今後も心の聴力を上げていきたいと思っている。」
(「三井物産／挑戦と創造」シリーズ広告：日本経済新聞 2013 年 6 月 17 日より)

2.2.5 "よい聴き手"になるために

繰り返しご紹介してきた「傾聴力」ですが、誰もが最初から持っている能力ではありません。求められるスキルがありますし、一定の訓練も必要です。一般に次の 5 つのスキルを挙げることができるでしょう。

> ▶心情理解……相手の立場に立つことができること
> ▶共感理解……一緒に考えることができること
> ▶質問確認……インタビューすることができること
> ▶忍耐沈黙……話を遮らないで聴くことに徹すること
> ▶非言語力……ノンバーバル・コミュニケーション能力を有すること

これらの重要性を理解するためには、逆を考えてみれば明らかです。上記の 5 つについて、その逆を書いてみましょう。

×：感情の壁があり相手を理解しようとしない
×：立場や年齢または役職の差異を意識してしまう
×：興味がない、関心が持てない
×：いいたいことを我慢できない
×：表情や態度、物腰を含め相手を見ない

これでは"よい聴き手"になれるはずがありません。

次に「**傾聴のレベル**」についてご紹介しておきましょう。

レベル1：無視する ………「君の話なんか聴いている暇はない」
レベル2：否定する ………「それは間違っている」
レベル3：指導する ………「アドバイスしてあげよう」
レベル4：興味を持つ ……「それってどういうこと？」
レベル5：理解する ………「なるほど、そうだなあ、判るぜ！」

以上のように **5段階**があります。少しだけ話を聴いて（または聴いた素振りをして）、すぐにレベル3になってしまう管理職が、実は多いのではないでしょうか。本来の意味における「**傾聴**」**とは、レベル4～5**であることがわかります。

そういえば昔、『話を聞かない男、地図が読めない女』という本がベストセラーになったことがありました。

2.3 「話す」コミュニケーション

2.3.1 話すためのネタ入手

次は「話す」ということです。

インプットとしての「聴く」が本能的な分野から意図的な分野に発展成長してきたのに対して、「話す」とは、聴いて覚えた言葉を使ってアウトプットする段階に進むことになります。

日本の古典文学『万葉集』『古今集』『竹取物語』など14作品に登場する単語は合計23,880種類あり、そのうち名詞は12,955種類（54％）だということです。日本語を学ぶ外国人や子供にとって、「話す」ことはイコール「名詞の羅列」になることも頷けます。

専門家によれば、平均的な大人の保有単語数は少なくとも30,000～40,000語といいますが、日本を代表する国語辞書『広辞苑』（第六版）には、実に約240,000語が収録されています。あなたの言葉の引き出しにはどのくらいの「在庫」がありますか？

ベテランの営業マンから私が学んだことです。営業マンにとっては、商品を売ることと同じくらい「営業マン個人を売る」ことが大切だという話は昔からよく聞きますが、営業経験のほとんどない私には、正直なところいまひとつピンときていませんでした。

ただ、営業マンがお客様と相対したとき、他の誰にもないその人独自の個性を発揮するためには、何より話題の豊富さがKEYになる、ということは理解できます。

▶万人向けに使える話
▶〇〇向けに使える話

▶××さんだけのための話

いずれについても、常時複数用意しておくことで、話題の絶えない「消息通」になれます。話題（情報）の豊富なひとの周囲には、自然に大勢のひとが集ってきます。ひとが集まれば話題も集まりますから、好循環が生まれることになります。

もちろん優れたアウトプットができるひとは、インプットを欠かしません。インプットなしにアウトプットはあり得ません。

ところで話題（情報）の入手にはある種のコツがあります。ボーッとしていては情報は入手できないのです。

- ▶アンテナは大きく広く……好奇心の塊のようなひとでありたい
- ▶スイッチは常時ON……眠るとき以外はいつでも反応できるひとでありたい
- ▶キー・ワードは即MEMO……忘れることを恐れるひとでありたい
- ▶アタマのなかではときどき反芻……記憶は刻み込むことで再生もまた容易になる
- ▶具体性重視……数字とか日時とか名前とか、可能な限り正確でありたい

当然ですが入手先（情報源）は多種多様です。新聞・テレビ・雑誌などのマス・メディアが中心になりますが、インターネットやSASなどの新しい媒体も続々と誕生しています。できれば〈独自の情報源〉があればなおよいでしょう。

また、アウトプットにもコツがあります。誰でもいつでも構わないわけではなく、受け取る側にとって意味ある話題でなければなりません。自ずからその話題に相応しい〈時と場合〉があります。

2.3.2 「総花的発言」はハートに届かない

　時として政治家や公務員の言葉が、私たちには無味乾燥に聞こえるのはなぜでしょうか。反対に、アメリカのオバマ大統領の演説が人々に人気があるのはなぜでしょうか。

　以下の２例は、いずれも私が見た実例です。前者はある地方自治体市長の年頭挨拶文であり、後者はある中小企業の社長が書いた文章の一部です。２例ともに大変立派なことを書いており、一語一語は反論の余地さえないもっともなことが書かれています。

×：我が○○市は、お年寄りと子供を大切にし、地域社会の永続的な繁栄と市民活動の活性化のため、貴重な税金の無駄遣いを徹底的に排除して、平和で安全な高福祉の街造りを目指します。

×：我が社は、品質第一と安全操業を社是として、お客様満足度向上のため、全社員一丸となって、信頼の心で社会の発展に寄与する製品を提供します。

――しかしながら、この２例とも私の心にはほとんど響くものがありません。考えてみれば、それは至極当然で、どこの市でも会社でも、そっくりそのまま通用する「総花的内容」だからです。万人に通用する中身であろうとすればするほど、それは逆に、誰にも何も感じさせない無味乾燥なものになってしまいます。独自性がないのです。

　このことは何を物語っているのか？

×：おはようございます。今日も一日、全員元気で受注獲得・経費節減・一致協力、コンプライアンス厳守で頑張ってい

きましょう！

　これは、ある会社の朝礼で上司が語る挨拶例です。いつもこの調子で、明るく元気なのは結構なことですが、内容的にはほとんど単なる掛け声、スローガンに過ぎません。恐らくは誰も聞いていないでしょう。「耳にタコ」という社員からの声が聞こえてきそうです。

　政治家や公務員だけではありません。どんな場合でも同様です。「総花的発言はハートに届かない」のです。

　対策としては次の諸点を指摘することができます。

---

①ポイントを絞り、ひとつかふたつに限って話すこと。
②大きな主題+小さな副題、その区分を明確にすること。
③聴いているひとの表情や態度を観察しつつ話すこと。
④具体例をあげてわかりやすく話すこと。
⑤少なくとも聴衆が「希望」を抱けるよう、「情熱」を込めて話すこと。

　せっかくエネルギーを注ぐのですから、その発言は効果的でありたいものです。

2.3.3 アサーションとスピーキング・スキル

　アサーション（assertion）とは、もともと断言とか主張という意味ですが、精神心理の世界、特に近年の人事の世界では、職場におけるよりよい人間関係を構築するための一手法として注目されています。

2.3 「話す」コミュニケーション

　すなわち、一方的な「断言」とか「主張」を排し、真に伝えたいことを相手に「伝える」ために、自分と相手を認め、大切にしながら自己表現することを意味します。「さわやかな自己表現」と訳すひともいます。

- ×：攻撃的な自己主張
- ×：非自己主張
- ○：さわやかな自己主張

　目的は「伝えるべきことをきちんと伝えること」ですから、相手を非難したり攻撃するのではなく、また、自分のいいたいことを我慢していわないのでもなく、さわやかに伝えよう、ということです。その順序は次のとおりです。

---

①肯定的にスタートする
②自分の責任も認める
③事実を確認する
④意見・気持ちを述べる
⑤結論を伝える

　ビジネスの現場では、プレゼンテーション、売り込み、会議、セミナー、朝礼など、さまざまな場面で多くのひとを相手に話すことがあります。こうしたとき、相手の心に響くような「さわやかな自己主張」ができるかどうかは、重要なスキルといってよいでしょう。
　なお、大勢のひとを相手に話すときに留意すべき点を列記しておきます。

◎自信を持って話すこと
◎注意や興味を惹きつける導入部分の題材（掴みのエピソード）
◎聴き手にマッチした話のスピード、テンポ、間
◎聴き取りやすい声の大きさ、声の質、滑舌
◎身振り手振りの臨場感・ライブ感、物腰
◎適度なジョーク、ユーモア
◎笑顔
◎具体例・実例・話し手の体験談などを織り交ぜること

2.3.4 "報連相（ホーレンソー）"より"相連報（ソーレンホー）"

　新入社員研修など、社会に出た若者が共通して最初に学ぶことのひとつに、"**報連相（ホーレンソー）**"という有名なスローガンがあります。大企業であれ中小企業であれ、または諸官庁でも事情はまったく変わりません。必ずといってよいほど教えられるはずです。

　これは、チーム・プレイを前提とする社会人の必須スキルであり、学生と大きく異なる態度のひとつです。具体的には、
▶報告
▶連絡
▶相談
という3つの熟語を指しています。その各々の頭文字を取って、一般的に"**ホーレンソー**"というわけですが、どんな仕事も「独りではできない」という観点から、確かにどれも大切な心がけです。

　しかしながら、実は、もう少し考えてみると、どうも順序が違うのではないか、というのが私の意見です。現実の職場を思い描いてみてください。

たとえば、何か困ったこと、判断しかねること、予想もしていなかったことがあったとき、最初に取るべき行動は何かといえば、上司や先輩または同僚との「**相談**」です。

その後、相談した事案の顛末（てんまつ）や成り行き、または途中経過を、関係する各位に「**連絡**」します。道義的にも実務上も、連絡しておくほうが望ましいからです。

そしてはじめて結果についての「**報告**」を行う、というのが普通の仕事の進め方ではないでしょうか。

また、3つの重要度比較という点からいっても、最も大切なことは「報告」でも「連絡」でもなく、やはり「相談」であろうと私は思うのです。なぜなら、どんな些細な話でも、事前に「相談」さえしておけば、わざわざ報告に行った上司から、「そんな話、俺は聞いてないよ」とスゲナクいわれることもないからです。

その意味で、「**相談**」こそ上手な仕事の進め方の KEY です。

つまり、そもそもこの3つは「意思疎通」とか「コミュニケーション」の話なのですから……。

ただし、「ソーレンホウ」よりも「ホーレンソー」のほうが、語感というか語呂は確かに優れています。

2.3.5 「敬語・丁寧語」の覚え方・使い方

近頃の若い社員のなかに敬語の使い方が滅茶苦茶なひとが増えている、という話をよく聞きます。学生時代は、敬語とは無縁の日々を過ごしていたのですから、ある意味では当然の成り行きでしょう。

さて、そこで〈問題〉です。次の3種類のうち、「上司に対する言葉として」適切な表現はどれでしょうか？

○とんでもないです。
○とんでもありません。
○とんでもございません。

　このページは「敬語」について書いているのですから、正解は3つ目かと思うかもしれません。ところがどっこい、意外かもしれませんが、実は下記のとおりです。

○とんでもないです。………………… 正解
○とんでもありません。……………… 基本的には誤り
○とんでもございません。…………… 誤り

　種明かしをすると、**ひと口に「敬語」または「丁寧語」といっても、単に敬って丁寧に言い換えればよいということではない**、という次第です。
　「とんでもない」という言葉（形容詞）は、「つまらない」「さりげない」と同じで一語ですから、「とんでも」で区切ってはいけないのです。「つまら」ございません、「さりげ」ございませんとは決していわないことと同じです。どうしても丁寧にいいたいのであれば、たとえば「とんでもないことです」とか、「とんでもないことでございます」とすれば間違いにはなりませんし、丁寧な表現です。

　ただし、いまや国語審議会は「とんでもありません」を許容範囲に入れており、いわば使用も「仕方ない」との立場に立っています。
　同じように、「とても〜でない」や「まったく〜でない」についても、元々は否定のための言葉だったものが、いつの間にか「とても素晴らしい」とか、「まったく素敵だ」というように、肯定

の言葉に変化してしまった結果、もはや「誤用」とはいい切れなくなった言葉もあります。

また、次の表現もよく間違います。

×：社長が申されたことは私も賛成です　⇒　○：おっしゃったことは私も賛成です
×：今日の会議にゲストをお呼びしました　⇒　○：ゲストをお招きしました
×：この電車はご乗車できません　⇒　○：この電車はご乗車になれません

このように、敬語では**知らず知らずに大きな間違いを犯すことがあります**から、気をつけましょう。

ところで、どうしたら「敬語のルール」を覚えられるか？　それは〈習うより慣れろ〉ということのみです。上司や先輩の口の利き方や書いた文章を、ケース・バイ・ケースで注意深く観察してください。言葉は生き物です。

2.4 「読む」コミュニケーション

2.4.1 新聞を読む

さて、ここからは再びインプットの側面です。

私たち人間は、成長するにしたがって絵本やお店の看板などから文字を学び、「読む」ことを覚えます。「聴く」⇔「話す」という口語世界から文語世界への進出です。文語世界への進出とは、いわば整理された情報の入手プロセス段階に進むことです。

数学者でエッセイストとして知られる藤原正彦さんは、著書『祖国とは国語』の中で次のように述べています。

「新しい指導要領によると、重心が従来の『読み』『書き』から『話す』『聞く』の方に移っているようだ。驚くべき方向違い、と言えよう。これでは、深い思考力や情緒力のない、口先人間ばかりになってしまう。国語の中心はあくまで『読み』にある。この力をつけ、充分な量の読書さえしていれば、聞いたり話したりは自然にできるようになる。国語教育の中においても『読む』『書く』『話す』『聞く』は平等ではない。あえて重みをつければ、この順に、二十対五対一対一くらいだろう。寺子屋には『読む』と『書く』しかなかったが当然である。本質を見抜いていたと言える。」

組織人にとっての日々の情報源としては、パーソナルなニュース・リソースを別にすると、やはり新聞・テレビ・雑誌などのマス・メディアが中心であることはいうまでもありません。なかでもビジネスにとって新聞は重要です。

しかしながら、新聞を一切読まない若者の割合が、近年急激に増加していることも一方では事実です。

識者によって若者の活字離れが指摘されてから、随分時間が経

過しましたが、その傾向は強まるばかりです。やや大袈裟にいえば、多くの若者が文章を「書けない」理由は、新聞を読まないからだ、とさえいえるかもしれません。なぜなら、新聞こそビジネス文書のお手本だからです。

パソコン：○　　　　　　　書籍：×
DVDやCD：○　　　　　　雑誌：×
テレビ：○　　　　　　　　新聞：×
スマートフォン：○　　　　書店：×
レンタルビデオ店：○　　　図書館：×
電子辞書：○　　　　　　　国語辞書や百科事典：×

上記のような構図は極端かもしれませんが、傾向的には誰もが認める現状です。特にインターネットの出現と携帯電話の機能アップ＝スマホの普及により、情報源の多様化とスピード化が進み、あれだけ全盛を誇ったテレビでさえも、メディアにおける圧倒的優位性は次第に失われようとしています。活字同様、テレビ離れ現象も現れてきました。

> ▶毎朝見出しだけでも読む
> ▶記事は最初の10行が大事
> ▶第1面から読む
> ▶複数の新聞記事を比較すると物事がよく見える

私の友人Aさんは現役のビジネスマンですが、どんなに多忙でも、朝夕刊あわせて1日1時間以上は新聞に目を通しているといいます。

朝読めないときは夜、夜読めなければ翌朝の通勤電車の中、電

車でも読めないときは週末にまとめて半日かけて1週間分……。
　——彼いわく、「新聞には実に沢山(たくさん)の情報や知識が詰まっている。知らないことがイッパイ書かれている。特に指摘したいことは、予(かね)てから疑問に思っていたことがあったとして、新聞をじっと読んで数日もすると、ほとんどその答えが書かれていて、驚くことがある。大事なことなら切り抜き保存もできるし、簡単にコピーも取れる。経済新聞でなくても、一般紙で十分。

　僕の情報源の7〜8割は新聞で、あとの2〜3割は人間です。新聞の整理された情報量に比べれば、垂れ流しのようなインターネットは新聞に遥かに及びません。とにかく僕の知的レベルというか、情報の水準は、新聞情報を基準にしているのですが、よほど人並みはずれた高度な仕事でない限り、それで十分ではないでしょうか」。

2.4.2 空気を読む

　いまどきの若者用語のひとつですが、「KY」（空気を読めない無粋な奴という意味の略語）などといって、非難の対象になっています。
　『広辞苑　第四版』によれば、「読む」には概略以下の8種類が定義されています。

---

①数をかぞえる　　②文章・詩歌・経文などを、一字ずつ声を立てて唱える　　③詠(そら)んじる。詩歌を作る　　④文字・文章を見て、意味をといて行く　　⑤漢字を国語で訓ずる。訓読する　　⑥講釈師が講ずる　　⑦外面にあらわれたものから了解する。さとる　　⑧囲碁・将棋などで、先の手を考える

「空気を読む」といえば、その場の状況や雰囲気または方向性を「読む」ことを意味しますから、上記の⑦または⑧に該当するといってよいでしょう。すなわち、決していまどきの事象ではなく、昔からあるといえます。

実社会においては、意思疎通は「言語」や「書類」のみで成立しているわけではなく、身振りや態度や、表情などの「ノンバーバル」な部分も併せて成り立っています。その場の「空気が読めない」ひとは、これを理解または感受できないひとということです。

その場、その時の気持ちをいちいち言葉にせずとも、十分気持ちが伝わる、または理解できるということは、常日頃からの人間関係の密度にもよります。その場、その時に至った経緯や背景がわかっていれば、当然のこととして「空気が読める」でしょう。

換言すれば、求められているのは、対人関係に関する感受性ということですが、問題は「空気」なのですから、さらにいえば**「状況感受性」**ということになります。

これは、学ぶとか訓練するというよりも「磨く」ことですから、長い時間が必要です。「読めない」ひとは、いつまで経ってもなかなか「読めない」でしょう。

対策として考えられることは、何も周囲に迎合せずともよいのですが、自分は黙っていて周りの反応や意見をよく「聴く」こと、**そして「なぜ、そうなるのか」考える習慣**をつけることです。聴き上手になれば話し上手への道も拓けます。

そういえばずいぶん昔の話ですが、「俺の目を見ろ、何にも言うな」という歌（北島三郎「兄弟仁義」）の文句がありましたっけ。

2.4.3　上司の意図を読み取るセンス

ものの本によれば、甲州武田の軍師・山本勘助が武田信玄の信

頼を得た契機となったのは、あるとき信玄が「諏訪の姫を側室に迎えたい」といい出したときであるといわれています。

「諏訪の姫」というのは、甲斐の信玄が滅ぼした隣国・諏訪の豪族の娘であり、絶世の美女として知られていました。元の敵国ですから、その経緯からいって、常識的には危険な発案というべき着想でした。当然のこととして信玄の重臣たちは一様に反対意見を述べます。ところがただひとり、山本勘助のみが賛意を述べたのです。

いわく、「諏訪の姫にお屋形様（信玄のこと）のお子ができれば、諏訪の家臣や民も我々の味方になりましょう。私は大変結構なお話と存じます」。

これを聞いた信玄が「我が意を得たり」とばかりに喜んだのはいうまでもありません。信玄にすれば内心（誰もわしの意図を理解していない）と思っていたところ、勘助のみがその真意を汲み取り、信玄の気持ちを代弁してくれたことになります。

この話は、信玄（上司）の真の狙いを、勘助（部下）が理解したからこそのエピソードとして語られてきました。大変有名な話ですが、真偽のほどは歴史の彼方です。この話が事実であろうとなかろうと、私たち組織人がここから学ぶべき点はあります。

私はこの話を、サラリーマンの処世術として捉えたいのではありません。闇雲に上司に諂い、ご機嫌取りをすれば出世できるほ

> ▶表面的な言葉だけを鵜呑みにしないこと
> ▶なぜ？　という問題意識を持つこと
> ▶上司の言葉に隠された真の意図を読み取る能力を磨くこと
> ▶「手段」と「目的」を分けて考えること
> ▶ものごとは「本質は何か」という視点で見ること

ど、いまのビジネス社会が暢気な世界であるとは思いません。むしろ正反対であることは読者各位がよくご存知のはずです。

最も重要な教訓は、上記の〈ものごとは「**本質は何か**」という**視点で見ること**〉です。上司であれ得意先であれ、自分の基準や価値観で判断すると間違います。表面的な言葉尻や字面で読んでは、真意は読み取れないでしょう。

これはセンスというしかありませんが、状況判断および相手をよく観察することによって、正解には迫れるはずです。

2.4.4 通勤電車の車中で読む

あなたは毎日の通勤電車の中でどのように過ごしていますか？「近頃はもっぱらスマホです」という声が四方八方から聞こえてきそうです。

あるアンケート調査によれば、老若男女を問わず、半分以上のサラリーマンがただひたすらに「眠る」と答えているそうです。なるほど、そうかもしれません。

私見ですが、最近は若い女性が熱心に経済新聞を読む姿をよく見かけます。確たる理由はわかりませんし、調査データがあるわけではないとは思いますが、私の実感としては、ここ数年の顕著な光景です。男性はどうかって？　読んでいるのは、ほとんどスポーツ紙か漫画誌か、そうでなければスマホでゲームです！

ところで、日本ほど電車の中で「眠っている」とか何か「読んでいる」という国は、世界でもあまり例がないそうで、それだけ我が国の治安がよいことを証明する話だそうですが、それはともかく、この時間の上手な使い方こそ、長い間の大きな差異となって現出します。ボーッと過ごすには、あまりにもったいない時間です。

読者のご参考までに、私の若いころの車中活用法をご紹介しましょう。これが最も有効な方法というわけではありません。あくまで〈ひとつの例〉です。

▶往路……仕事に絡んだ単行本を読む。
▶復路……小説（文庫本）を読む。

したがって、いつもカバンの中には本が2冊入っているようにしていました。

往路はそのままの流れで仕事に入るのですから、仕事志向のアタマにしたいですし、復路はむしろ、仕事から離れた気分になりたいというのがその理由です。

また、単行本2冊ではカバンが重いですが、1冊を文庫本にすると重量は大きく低減されるのも理由でした。

私の場合、当時は乗車駅から下車駅まで片道60分以上かかりましたから、振り返ってみるとかなり有益な時間だったと思います。通勤車中というのは孤独な時間ですし、あの微妙な揺れは、読書リズムに大変マッチしているように思います。

ついでにご紹介すると、本当はもう1冊、寝床で読む本もありました。計3冊を同時並行で読んでいたのですが、寝床で読む本は、全集とか写真集のような大きな本または旅行ガイドのようなビジュアル系の本でした。

なお、新聞はどうしていたかといえば、朝は見出しをサラッと眺めるのみ、帰宅してから朝刊・夕刊をまとめて読んでいました。もう少し早起きして、短時間でも読んでから自宅を出るべきだったと、もはや「遅かりし由良の助」ですが、少し後悔しています。

ただ、慢性的に不足する睡眠時間を補充するための貴重な時間として、朝の通勤電車内を明確に位置づけるのであれば、それはそれで結構であろうとは思いますが。

2.4.5 宵越しの書類は持たず

——宵越しの書類は持たず。これは、ある有名企業の現役社長の信条だそうです。

理由を聞いてみると、「書類が溜まっているのが不快の極み」だからといいます。もともと短気でせっかちな方なのかもしれません。単純明快な理由ですが、確かにこれが可能なら仕事はおおいに捗るでしょう。とはいえ、実際にはなかなかできることではありません。

机上に書類が山のように積んであることこそ、そのひとの仕事の忙しさ（または重要性）を証明するシンボルのような受け止め方が、まだまだ世間では一般的ともいえます。

しかしながら、ビジネスのスピードがますますアップしている今日、心がけとしてはおおいに見習うべき面があります。

たとえば、「部内回覧」のようなものをなぜか溜めるひとがいます。急に回って来た回覧書類のために、いま取り組んでいる自分の仕事を、いっときでも中断させるのがイヤなのかもしれません。「至急回覧」と書いてあっても、いったんは手元にしばらく置いておかないと気が済まないのでしょうか。また、そんなひとに限ってわざわざ不在のひとの席に回覧を回したりします。不効率な話です。

この社長の説明によれば、「もちろんすぐに決裁できない書類もあれば、即回答不能の重いテーマもある。しかし、そういうときでも、いつまでに決めるからとか、いつまで待てとか、その日のうちに何らかの結論は出すようにしている」とのことです。素晴らしいことです。

私自身の例をあげると、レスポンスにレベルの相違はあるものの、メールでは同様のことを心がけています。

そもそもメールは、急いでいるからこそメールなのですから、

1日経過しても何の応答もない場合には、発信者は大変ヤキモキします。早く回答が欲しいのですから、せめて「貴信、確かに拝読しました。検討のうえ追って至急に回答申し上げます」とだけでも返信するようにしています。

```
●書類の整理整頓サイクル
▶捨てる              ・ため込まない。
▶集める              ・バラバラならゴミ。グルーピ
                      ングすれば情報資源。
▶置き場所を決める    ・収納上手で取り出し上手に。
▶維持する            ・使い終えたら元の場所に戻
                      す習慣。
```

「下手な考え、休むに似たり」という箴言がありますが、書類の吟味に時間さえかければ必ずよりよい結論が導けると考えるのは大きな間違いです。先の社長の話は、むしろ、ビジネスチャンスを的確に掴み、即断即決ですぐに前に進むことが大切だ、という教訓と考えるべきでしょう。

翻って、ビジネスシーンにおける文書の読解力は、「スピードが重視される」という話です。そしてスピード対応のためには「書類の整理整頓」が不可欠の前提条件であり、スタートは「断捨離」です。

2.4.6 メディア・リテラシー

高度情報化社会においては、情報メディアを主体的に読み解き、必要な情報を取り出し、その真偽を見抜き、識別処理し、評価活用する能力が求められます。

2.4 「読む」コミュニケーション

一般に**メディア・リテラシー**（media literacy）といいますが、すでにイギリス・カナダ・オーストラリアなどでは、メディア・リテラシーの育成が重要視されており、ハイスクールではカリキュラム化されているといいます。

次はその育成手法のひとつです。

●NIE（Newspaper In Education）
▶新聞を1面から最終面まで、記事・写真・広告を含めて読み解く
▶複数の新聞を読み比べる
▶読んだ結果を踏まえたディベート（討論会）を行う
　◎モノローグ ………… 独話（独り言）
　◎ダイアローグ ……… 会話（対話）
　◎ディベート ………… 討論
　◎ディスカッション … 議論

上記のように英和対照に列挙してみると、我が日本人にとって最も苦手なのがディベート（debate）ではないかと考えられます。海外で働く日本人ビジネスマンに聞くと、「日本人は発言しないからどう思っているかのかわからない」という批判を外国人からよくされる、といいます。ましてメディアによる報道となると、無批判に信用してしまう悪いクセが私たち日本人にはあります。同じ事実なのにA紙とB紙の報道が異なるのはドウシテ？

中学から高校にかけて、メディア・リテラシー育成はぜひ必要な訓練であろうと思います。

ちなみにコミュニケーション能力を学校教育において育むためには、

①自分とは異なる他者を認識し、理解すること
②他者認識を通して自己の存在を見つめ、思考すること

③集団を形成し、他者との協調、協働が図られる活動を行うこと
④対話やディスカッション、身体表現等を活動に取り入れつつ正解のない課題に取り組むこと

　などの要素で構成された機会や活動の場を、意図的、計画的に設定する必要がある（文部科学省　コミュニケーション教育推進会議　審議経過報告　2011.8.29）といわれています。そのとおりでしょう。

　クラス活動、部活動、生徒会活動、地域活動、ボランティア活動、企業実習（インターンシップ）、体育祭・文化祭・修学旅行などの学校行事、または授業中のグループ討議など、コミュニケーション能力育成に適した場面はいくらでもあるのではないでしょうか。

　こうした「体験学習」こそ実社会ですぐに活かされる実践教育です。

2.5 「書く」コミュニケーション

2.5.1 手紙を書く、メールを書く

コミュニケーション手法の4段階目。それがいよいよ**「書く」**ことです。

世の中がどんどん便利になり、すべてがスピード・アップしています。遠いアメリカで起きた事件が、あっという間に世界中に知れ渡り、スマホやツイッターやSNSを通じてその日のうちにさまざまな分野で影響を及ぼす世の中です。確かに便利ではあっても、それが果たして本当によいことなのか、疑問に思うこともあります。

たとえば「手紙」です。いまどき封筒に宛名を書き、切手を貼って郵便ポストまで出かけて投函しなければならない手紙・ハガキなんて、どこか時代遅れのような、スローな感じがしないでもありません。便箋・封筒・筆記用具なども用意しなければならないし、字が下手とか文章力がないとか、挙げ句の果てには、「大人になってから手紙なんか書いたことは1回もない」という若者も少なくないようです。

私の場合、あれは中学1年生か2年生のころでしたか、ペンフレンドとか交換日記などというものが流行し、青春の一時期を書くことで謳歌した記憶があります。遠い昔の記憶ではあります。

しかしながら、他方では、中高年層やご婦人方を中心に「絵手紙」が流行ったり、洒落たデザインの一筆箋や高級和紙の手作り封筒がよく売れています。また、ECOブームも手伝って、牛乳パックを再生したお手製のハガキなども人気です。さらには読者各位ご承知のとおり、近年、Eメールや携帯メールという名の「現代版お手紙」が全盛を極めてもいます。

こうした意味から、いまや進化した形態での**新たな〈文章の時代の到来〉**ということもできるかもしれません。

そんな意味から、私は 2009 年に、『手紙・メール・携帯どうしたら？事典』(土屋書店)という本を書きました。公私を問わず、私たちの身のまわりで起こるさまざまな場面を想定し、「書くことは苦手」という人々のために、どんな点に気を配って手紙やハガキや、さらにはビジネス文書を書けばよいか、豊富な文例とともに「よい手紙・ハガキの書き方」を整理してご紹介した本です。また、その姉妹編として 2013 年に書いたのが『社会人として知っておきたい文書&メール基本の「き」』(土屋書店)です。

いずれにせよ、人間が「話す」⇔「聴く」ことによって他者との意思疎通を図り、「書く」⇔「読む」ことにより他の動物と一線を画して人間であり続けている以上、これからも何らかの形で「文章力」が問われ続けることに変わりはないでしょう。

時にはあなたも、故郷の両親に、古い友人に、近況を報告する手紙でも、ゆっくり書いてみたらどうでしょうか？

2.5.2 ボキャブラリーの増やし方

そもそも短い挨拶状やお礼状の文章などでは、気の利いた表現や豊富なボキャブラリー（日本語では「語彙」）があれば、文面に変化が出ますし、他と差がつきます。文書でもメールでも同様ですが、以下はその例です。

▶厚く御礼を申し上げます。
▶重ねて御礼を申し上げます。
▶深く感謝いたします。
▶衷心より御礼申し上げる次第です。

2.5 「書く」コミュニケーション

> ▶ご好意に対し深甚なる感謝の念をお伝えいたします。
> ▶誠に有難く、厚く御礼申し上げます。
> ▶心から御礼を申し上げる次第です。
> ▶大変嬉しく存じます。
> ▶これに過ぎる喜びはございません。
> ▶身に余る光栄と存じます。
> ▶大変有難く、感謝の言葉を失う次第です。
> ▶何と申し上げてよいやら、ただただ恐縮いたしております。

いずれも同じ感謝の言葉ですが、表現はさまざまであることがご理解いただけると思います。どの場合にどの言葉を選ぶか、特別なルールはありません。堅く書くか、あるいはソフトな表現を用いるか、相手先との関係や距離、筆者の役職・立場・年齢・性別など、いろいろな要素が関係しますから、一概にはいえません。いずれにせよ、それが筆者の文章力であり文章センスであるといえます。

では、どのように文章センスを磨くのか？ 文章力向上の秘訣・秘策が特にあるわけではありません。ただ、次のような対策はあり得ます。読者各位のヒントになれば幸いです。

> ▶小説をたくさん読む。日本語で書かれたもの。できれば名作でありたい。
> ▶せめて新聞は毎日読む。
> ▶短文でも構わないので毎日日記を書く。
> ▶辞書を引き確かめる習慣をつける。
> ▶公私ともに手紙・ハガキをたくさん書くことを心がける。
> ▶議事録作成とか上司の代筆とか、メール連絡文とか、書く仕事を率先して担う。
> ▶違う表現、異なる言い回しを意図して考えるクセをつける。

国語学者によれば、〈ひとは単語を学び単語を覚えるとともに、文章全体の文脈から単語の用法・語法を学ぶ〉といいます。

　つまり、こういうケースではこういう言い方、書き方はしない、またはこういう書き方がより適切だ、という体験的学習は、多く読むことによって身につくということです。

　このように、「読む」ことと「書く」こととはワンセットだと考え、意図して語彙を増やす努力を傾けることが大切です。

2.5.3 間違いに気づかないマチガイ

　ビジネス文書の世界には、ときどき妙な表現や明らかに間違いと思われる表記が出現して驚かされます。文書は口頭ベースとは異なり、明確な形として残りますから、十分な注意が必要です。以下はほんの数例ですが、実際に私が見た例です。

●「訃報のお知らせ」

　訃：人が亡くなったこと、報：お知らせのこと。したがって、訃報：人が亡くなったことのお知らせ、です。「訃報のお知らせ」と書いてしまうと、「人が亡くなったことのお知らせのお知らせ」というヤヤコシイ話になってしまうわけで、明らかな間違いですが、なぜか時々私の周囲でも見かけます。できるだけ丁寧に書こうとするあまりの勇み足ということかもしれませんが、覚えのある方は気をつけてください。

●「事前予告のお知らせ」

　これも似たようなお話です。予告：あらかじめ告げること、事前：事の前。「事後予告」というのは論理的にあり得ないのですから、「事前予告」と書くのは間違いです。さらにこの場合、恥の上塗

りというべきは、「予告」と「お知らせ」が二重に使われている点です。「事前に、あらかじめ告げることをお知らせ」するという、二重三重のわけのわからない表現になってしまっています。

● 「案内状のご送付について」

これは一見するとOKのようですが、上記同様に言葉を分解してみればわかります。案内状とは案内の文書のこと、ご送付とは送ること、つまり名詞＋動詞です。したがって、前2例と異なり、これ自体は間違っていません。ところが、時々見かける間違いは、「案内状そのもののタイトル」に「案内状ご送付について」と書いてしまうことです。別に案内状があって、添付する書類にこのように書くのならOKです。

● 「先生様」

これは実例を見たわけではありませんが、よく引き合いに出される例です。
「先生」も「様」も敬称ですから、敬称を二重に使ったら間違いです。これと似たような話としては「市長様」とか「社長様」という表記がありますが、実は「先生」とは異なり、「市長」や「社長」という表現は、〈敬称ではなく役職名〉ですから、役職名に敬称を使っても間違いではありません。ただし、一般には「役職名には様ではなく殿」を用います。「市長殿」なら問題なしです。敬称についてはPART1でもご紹介しました。

2.5.4 業務の可視化

〈業務の可視化〉とか〈見える化〉は、最近のKEY WORDのひとつとしてよく見聞きします。コンピュータの普及のほか、いわ

ゆる団塊の世代のリタイアに伴い、経験やノウハウが次世代に引き継がれないのではないか、という危惧がその背景にあります。

図表の活用

〔文　例〕

　ビジネスマンを対象に「経済的成功を収めるための条件」をアンケート調査したところ、「肉体的・精神的な健康」、「我が職業を愛する」、「正直な人柄」がベスト３であった。
　また、「一流大学に行く」、「器用さ・要領のよさ」、「高い知能指数」がワースト３であった。

「経済的成功を収めるための条件」
（年収１億円超 500 人アンケート、橘木俊詔 同志社大学教授）

〔図解例〕

年収１億円超 500 人調査

ベスト３	ワースト３
肉体的・精神的な健康	一流大学に行く
我が職業を愛する	器用さ・要領のよさ
正直な人柄	高い知能指数

年収１億円超 500 人アンケート

　ひと昔前であれば、「口伝」（くでん）といって、先人の技術・経験・ノウハウは口伝えにより、次の世代へと引継がれていったものです。しかしながらそれは、もはや今日的ではありません。

　したがって、〈可視化〉〈見える化〉の手法としては、

▶文書化、マニュアル化
▶フローチャート化
▶図解・グラフ化
▶コンピュータ化

があげられます。「目で見て誰もが共通してわかる」ようにすることです。暗黙知の形式知化です。

　先に練習問題（12）で試していただいた「会社までの道案内」は、

2.5 「書く」コミュニケーション

文章より「図解」＝地図で表現すればわかりやすいことはいうまでもありません。

ただし、可視化されたデータには注意を要する点もいくつかあります。

〈簡略化されたフローチャートに騙されてはいけない〉

そのフローチャートは正確性・網羅性を満たしているか、要注意です。例外事項や特殊事例のときの工程がきちんと明記され、正確にすべての工程を網羅しているかどうか、簡略化のプロセスにウソがないか、要確認です。

〈縮尺されたグラフに騙されてはいけない〉

そのグラフの単位がどうなっているか、要注意です。万円単位と億円単位では、推移が大きく変化しているようにも見えますし、横ばいのようにも見えます。逆にいえば、単位を小さくグラフ化すれば変化を主張できますし、大きくつくれば横ばいが主張できます。つまり、グラフには「意図的操作」の介入余地があるわけです。

〈カラー化された情報に騙されてはいけない〉

カラフルに色づけされた情報は、それだけでよくできた資料であるかのような錯覚に陥ることがあります。可視化に重点が置かれ、実は中身の薄いデータや情報もありますから、要注意です。特に、パワーポイントなどプレゼンテーション専用ソフトで作成されたデータなどには、冷静な観察眼が求められます。「仕掛け」に驚いてはなりません。

2.5.5 メール返信は24時間以内に

この100年余りの主要な通信手段の進化を振り返って考えてみると、

- 手紙の時代
- 電話の時代
- FAXの時代
- メールの時代

ということができます。

いまから数十年前、私が初めて社会人になったころは、電話はダイヤル式の黒電話が中心で、プッシュホンの出現初期ではありましたが、コードレスは存在していませんでした。

その後、何年か経過して華々しくFAXが登場し、「これは実に便利なものだ」と思ったものです。封筒に宛名を書き、切手を貼って文書を入れ、ポストまで持って行かずともよくなったのですから、仕事が急激にスピード・アップしたことを実感しました。

さらに近年、皆さんご承知のとおり、デジタル化とパソコンの普及により、Eメールが急速に浸透しました。LINEだのツイッターだの電子媒体花盛りです。業種や企業規模の大小を問わず、官庁を含め、いまやメール環境なしのビジネスは考えられません。

ちなみに、少し前までは「電子メール」とか「Eメール」と呼んでいましたが、近頃では単に「メール」と呼ばれるようになってさえいます。その他のいわゆる「メール」は、いつのころからか、自然に「郵便」「宅配便」「社内便」などと称し、電子メールと区別するようになりました。

ところで私の場合、平均して1日あたり30通前後の「メール」を送受信していますが、その重要度・緊急度を評価すれば、高：10％、中：30％、低：60％といったところです。

すなわち、大半は「無視しても構わないメール」です。逆にいえば、本当に大切で急ぐものが1割ほど紛れ込んでいるわけで、その効率的な見分け方、取り出し方がKEYになってきた、というべきでしょう。

▶タイトルで判断する
▶発信者で判断する
▶まずザッと読んでみる

いずれにせよ「メール」の特徴は〈緊急性〉です。急いで、しかも確実に相手に読んでもらえる保証がある仕組みですから、受信したメールを長時間放置することはタブーです。少なくとも**〈24 時間以内には返信する〉**のが基本マナーです。

2.5.6 捨てる習慣

〈整理・整頓・清掃・清潔・躾〉を一般に 5S といい、生産現場などでは仕事の能率向上スローガンとしてよく見かけることができます。また、さらに〈作法〉をプラスして 6S とすることもあります。

そもそも 5S とは、**TPM**（Total Productive Maintenance）＝全員参加の生産保全活動で次のとおり定義されたことから始まっています。

▶**整理**……必要なものと不要なものを区別し、不要なものは捨てること
▶**整頓**……必要なものがいつでも素早く安全に取り出せるようにすること
▶**清潔**……職場や機械設備等を衛生的に保つこと
▶**清掃**……ゴミ、ホコリ、油汚れ等をなくして、見ても触ってもきれいにすること
▶**躾**………「決めたことは必ず守る」ということを徹底すること

昔から、特に役所がその典型であろうと思いますが、山のように無造作に机上に積まれた書類こそ「多忙さの象徴」であり、さらには仕事ができる「重要人物の象徴」でもあるかのような雰囲気を醸し出すひとが、どこの職場、どの企業にも結構いたものです。しかしながら、本当に「仕事ができるひと」の机は、むしろ常に5Sが徹底され、きちんとしています。書類がきちんとしているということは、結局のところそのひとの頭の中もきちんとしている、ということかもしれません。

　以下、ご参考に私がいつも気をつけていることをご紹介しましょう。神谷流「断捨離」です。

▶**どんどん捨てる**……書類やメールは溜めないことが何より重要です。どんどん捨てる覚悟で取り扱いましょう。あまりにどんどん捨ててしまうために「しまった！」と後悔することがないわけではありませんが、それでも失敗は年に1回あるかどうかというところです。

▶**迷ったときは捨てる**……これはどうしようかな、あとで必要になるかもしれないけど、と迷うときは思い切って捨てます。これはどうしても必要だという確信がないときは全部捨てることです。

▶**メールも読んだら廃棄**……電子メールもまったく同じです。保存と廃棄の峻別は即座に行うように心がけましょう。ちなみに私の基準は次のとおりです。

- **受信メール**　原則として読んだら即廃棄。必要なものだけ、限定的にそのまま受信箱に入れておきます。広告メールのような類は、読まずに廃棄することもあります。こうすれば受信箱はいつも「大切なメールだけ」が残ります。
- **発信メール**　過去1年分を送信箱に入れておきます。

毎月初には前年前月分をゴミ箱に移します。つまり、常時送信箱に残されているのは、前年同月分以降ということになります。
- **定位置を守る**……書類は決まった位置に常時ファイリングまたは保管する習慣を身につけること。イザというときにすぐ取り出せるような態勢にしておかなければダメです。
- **整理整頓は他人任せにしない**……書類の整理整頓を誰かに任せてしまうと、必ず所在不明になります。どんなに忙しくても自分で実施、これが基本です。

2.5.7 外出先表示ボードの書き方

オフィスの壁面によく掲げられている外出先表示ボードのお話です。そこには、○○は××に出かけており、△△時には帰って来る予定です、ということが本人の手で書かれています。最近は、メンバーの行動予定がパソコン管理されるケースも増えましたが、一般的にはまだまだボード・スタイルが大半です。

以下、引用です。

……「たとえば外出先に『A社』、帰社時刻に『午後3時』と書かれている。ところが、それを書いた本人は、3時になっても3時半になっても帰って来ない。そうなると、社内で留守番をしている人間は大変に困る。外部からの電話の応対のときに困る。ダラシのない会社だと思われてしまう。当人は嘘を書いているのではない。悪意があるのでもない。ツイツイ遅くなってしまうのである。しかし、社内に残っている社員は非常に迷惑するのである」

（山口　瞳　『私流頑固主義』集英社文庫）

これが書かれたのは数十年も前の話ですが、実態は今日でもあまり変わっていないと私は思います。外出する機会が多い読者は、ぜひ試しに周囲の内勤者の皆さんに確かめてみてください。かかってきた電話の応対に困った経験のある同僚は大勢いるはずです。

　　……「A社へ往復する時間と用件を考え、これを計算し、午後3時までに帰れると思ったら、これに30分を足して3時半と書く。この、30分を足すというのがミソである。そのかわり、絶対に3時半に遅れてはならない。私はそう教えられた」
　　……「A社へ行ったら用件が長引きそうになった。思いがけずに人に会って帰れない。そういうときには会社に電話を入れ、誰かに訂正してもらう。それが社員としてのルールだと思う。書いたことへの責任の取り方だと思う」

(同上)

　いまや携帯電話という便利な道具があり、携帯メールもあれば、パソコン通信も可能な今日のビジネス環境です。同僚に迷惑をかけない、仲間に対する気配り、チームワークという観点からいっても、昔ならできて、今はできないというはずはありません。事実、私は"山口方式"を長年実行しています。
　山口瞳の書いていることは、ウイスキー会社で長くサラリーマン生活を経験した作家の、いわば矜持とでもいうべき話ではないかと思います。時代背景は変化しても、その姿勢はぜひ見習いたいものです。

2.5.8 押してもダメなら引いてみる

どんな仕事でも、どんなに優秀なひとでも、行き詰まりを経験したことのない人はいないでしょう。どうしたら解決するか、どう進めたら最適か、押しても引いても前に進めることができず、窮地に陥った経験は、もちろん私にもこれまで何回もありましたし、いまもあります。普通のひとばかりではなく、世界最高レベルの頭脳の持ち主・ノーベル賞の受賞者でも事情は同じです。「書く」際にあっても、うまく書けない、思うように書けない、筆が進まない、どう書いたら適切かわからないということは多々あるでしょう。それは異常なことでも嘆くことでもありません。

そんなとき、「努力が足りない」とか、「もっと頑張れ」などと自分を責めるばかりが能ではありません。あまり責めれば落ち込むばかりで何の解決にもならず、むしろ時には逆効果にさえなるでしょう。

思い浮かべるべきは**「押してもダメなら一歩退いて考えよ」**という禅宗の教えです。具体的な脱出法としては以下の方法を指摘することができます。

▶**その仕事はいちど止めてみる**

行き詰まったアタマの切り替えに最も効果的な方法です。まったく別の仕事にいったん取り組んでみましょう。脳生理学的にいえば、異なる脳を使うことによって視点や発想が切り替わることになります。

▶**アタマを空にする**

休憩です。コーヒーを一杯またはタバコを一服でもいいでしょう。もしも外出が可能なら、外の空気に触れてみるとか短時間の散歩も効果的です。アタマをニュートラルな状態にすることが目的ですから、別の仕事をするというのとは少し

趣旨が異なります。

▶誰かに事態を説明する

言葉にすることで結果的に自分のアタマが整理されることがあります。ポイントはできるだけ冷静で客観的な説明を心がけること。整理するために話すのですから、聴き手に何か解決策を求めるのではありません。また、聴き手は気心の知れたひとであることが望ましいと思います。

▶テレビを見る

職場では無理ですが、私の個人的な体験では、最も効果的な方法です。ニュースとか教養番組ではなく、バラエティとか歌番組など、どちらかといえば「人畜無害」なプログラムのほうが向いています。上記の「アタマを空にする」と、趣旨としては似ているかもしれません。私の知るある大学教授は、テレビではなく落語の CD を聴くそうです。

2.5.9 5分前または1日前の納期設定

たとえば誰かと 10 時に落ち合う約束をした場合です。できれば 10 分前、最低でも 5 分前には落ち合う場所に必ず到着するようにしましょう。このわずか 5 分または 10 分が、実は仕事の質をぐーんとアップさせます。

たとえばトイレの鏡に向かってネクタイを直す、ロビーで今日の資料を再度読み直す、面談のストーリーをイメージする、という「ゆとりタイム」の創出です。真夏ならポケットからハンカチを取り出し、吹き出た汗をさっとふき取るだけでも、精神的に大きな差が出るでしょう。

もっといえば、間に合うか間に合わずに遅れるか、ハラハラしないで目的地に向かわずに済むだけでも、大きな余裕が生まれま

2.5 「書く」コミュニケーション

す。時間ばかり気にしていると、会う前から気持ちのうえで相手に負けてしまうからです。「時間にゆとりを持って出かけましょう」といえば、それは実に簡単なようですが、本当のところ「言うは易く、行うは難し」です。

なぜなら、約束は10時であって、9時50分でも55分でもないのだから、結局のところ10時ピタリに着けばよいと、ご自身の意識下には厳然とインプットされているからです。

このことは「書く」際にも同じことがいえます。週末までに上司に提出しなければならない報告書、企画書……。では、どうするか。

約束は決して10時ではなく、「9時55分の約束」と自ら思い込むのです。結果、そのまた5分前、9時50分には現地に到着することになるでしょう。それでOKです。たかが5分、されど5分です。

これをもう少し拡大し、文書作成に応用して考えます。上司から「週末までに」と指示された仕事があれば、自ら「木曜日までに」と決めて掛かります。自ら決めた以上、何がなんでも木曜日には完成させてしまうのです。一晩置いて、金曜日の朝、もういちど見直し、気がついた修正があればこれを直したうえで、金曜日（つまり週末）の朝、上司に提出します。

その仕事を指示した上司は「週末までに」といったわけですから、普通、金曜日の夕方をイメージしていたはずです。

したがって、上司のイメージをよい意味で覆すことになりますから、「お、早いな」という上司の言葉が100％期待できる、といっても過言ではないでしょう。

「5分前」精神、「1日前」精神は、文書作成においても、よい仕事をするために自ら課すスローガンです。

2.5.10 聴き手・読み手との距離感を測る

　話す・書くとき（OUT側）に共通する留意事項は、相手（IN側）との「距離感」を測ることです。威儀を正して発信するとき、気軽に呼びかけて構わないとき、畏まって申し上げるべきとき、正確な言葉でロジカルに発信すべきとき、慣用語を駆使して慇懃に意思表示するとき……、これらはすべて**「距離感」**が指標です。

　敬語が典型的な例ですが、「人間関係の密度」または上下などの「関係性」によって敬語表現も異なることになります。簡潔に「親しさ」といってよいかもしれません。

- 平素より格別のお引き立てを賜り、有難く厚く御礼を申し上げます。
- 平素より何かとお世話になり有難うございます。
- いつも有難うございます。

　上記3つはいずれも敬語表現を用いたお礼文ですが、敬意のニュアンスが少しずつ異なります。この相違こそ相手との「距離感」から生まれるものです。立ち位置、ポジショニングと考えていただければよいかもしれません。

▶自分の立ち位置　⇔　▶相手の立ち位置

　早い話、こちらが距離感を見誤れば、いくら丁寧に書いても、親しい相手先からは「他人行儀だよ」と逆に叱られてしまうかもしれません。

- 大学の後輩が、会社では上司であるとき
- ごく親しい取引先が、大きなミスを犯してしまったとき
- グループ企業の同輩同格ではあるが初めてメールするとき

　このような、ある意味で相反する前提条件に立ったときや、矛盾する状況下にある場合、どのような文章表現が適切か、大変難

2.5 「書く」コミュニケーション

しい場面もあるでしょう。

これを私は「距離感」と称しているのですが、経験・年齢・場数を踏んだひとにしか測れないノウハウを、単純に一般論で語ることはなかなか困難です。

申し上げられることは、ボキャブラリーや状況に応じた事例など、常日頃から「IN を増やしておく」ことの重要性ということです。イザというときの「引き出しの量」が KEY です。

距離感を「測り」、適切な関係構築を「図る」ことが必要です。

2.5.11 要約を書く

会社でよくあるケースですが、たとえば社長の年頭メッセージ 30 分を 800 字に要約して社内報に掲載する、またはイントラにアップするという場合に求められる能力は**「要約力」**です。

2 時間の会議が終わって議事録を作ろうとするとき、出席者の発言すべてを記録することはあまりないでしょう。国会の議事録のように速記者がいて、一言一句を記録するわけではありませんから、どうしても「要約」することになります。

- 新聞第 1 面のトップニュースを 15 分で読み、100 字に要約する
- 昨夜観戦したサッカーの試合経過と結果を 200 字に要約する
- 新書版の図書 1 冊を 30 分で読み、内容を 400 字に要約する
- 今年 1 年間のあなたの仕事上の成果を 5 点に絞って列挙する
- 所長の朝礼における 10 分訓示を一言でいう

「要約力」を高めるためには、実は「聴く力(観る力)」や「読む力」が必要になることは、これらのトレーニングを想定してみれば容

易に想像できます。必要にして十分な「要約を書く」ためには、「大事なところを聴き逃さない（見逃さない）力」が不可欠であり、前提です。

たとえば、「アインシュタインの相対性理論について800字に要約して説明しなさい」といわれても、私には不可能です。なぜなら、アインシュタインの相対性理論について、私は「何も知らない」のですから、「要約のしようがない」わけです。「iPS細胞」についても「サッカーのワールドカップ」についても同じです。しかしながら、「マズローの欲求5段階説」やマグレガーの「X理論Y理論」なら、その有名な部分を承知していますから、400字でも200字でも、私にもなんとか要約が可能です。すなわち、「大事なところがわかっている」事柄であればできますが、知らないこと、理解していないことはできません。当たり前です。

きちんとした成果物を生み出す（OUT）ためには、しっかり読む・聴く（IN）ことが必要です。すなわちINとOUTはワンセットです。「書けない人は読みなさい」と繰り返し申し上げる所以です。

ところで要約するときの要領ですが、次のようなことを自問自答してみてください。

---

①まず「ひとこと」でいうとどうなるか。
②タイトルまたはキャッチ・コピーをつけるとすればどうなるか。
③ポイントを3点なり5点に絞ると何がいえるか。
④その前提条件には何があるか。
⑤その「本質」は何か。「飾り」は何か。

あとは100字なり400字なり、示された条件に合わせて要約ボリュームを縮小・拡大すればよいだけのことです。

2.6 非言語コミュニケーション

2.6.1 ノンバーバル・コミュニケーション

　本書は、よりよき文章の書き方のトレーニング・ブックですから、その趣旨にしたがって、ここまで4つの側面について書き進めて来ました。ただ、「ビジネス社会のコミュニケーション」というからには、本書の守備範囲外ながら〈**非言語コミュニケーション**〉についても触れておかなければなりません。

▶アイコンタクト……目は口ほどにモノをいい
▶表情……喜び・怒り・哀しみ・楽しみ　など
▶しぐさ……首を傾げる・俯く　など
▶身体表現……身振り手振り＝手を上げる・手招きする・肩をそびやかす　など

　これらは言語によらないコミュニケーションです。相手をじっと見つめる、目で合図を送る、怖い顔で怒りを表す、手を上げる、アタマを下げる、涙をひとつポロリと流す……。黙っていても、これらのアクションがあれば一定の意思は相手に伝わります。コストやスピードや利益重視のビジネスシーンにおいても、すべてのコミュニケーションが言語に基づくとはいえません。

　今日的マネジメントの視点では、言語よりも非言語の重要性にむしろ力点が置かれ、「管理者は非言語コミュニケーションを疎かにしてはならない」と主張されています。ものごとは「論理」だけで動くのではなく、発信者の「思い」とか「感情」が大事であり、それらはノンバーバル・コミュニケーションによってこそ

伝わるからです。どのような組織でも人間集団である以上、「気持ち」を無視した仕事はあり得ません。

　言語と非言語コミュニケーションの大きな相違点は、対象が目の前の見える場所に必ず存在しているか否かにあり、文書であれば「見えない誰か」「不特定の誰か」をも対象にします。したがって、本書の立場でいえば、〈見えない誰かにあてた文章によるコミュニケーションこそ実は難しい〉ということができます。

　そういえば、「目の前の部下にメールで業務を指示する」管理職の可笑しさについての非難の声を私はよく耳にします。「口でいえばよいではないか」。確かにそうかもしれません。
「書く」コミュニケーションとノンバーバル・コミュニケーションのもうひとつの大きな相違は、後に残るか残らないか、すなわち記録性にあります。その点では、たとえ目の前の部下でも、記録性のある便利なメールを活用すべき場面があり得ます。

PART 3
ビジネス文書の コツとルール33

ビジネス文書にはルールがあります。
ルールは体得する必要があり、一定の
時間と手間がかかりますから、33のポイント
に絞って紹介しましょう。
ちょっとしたコツが身につけられれば、
特別難しいことではありません。
苦手意識を解消してください。

3.1 短文・簡潔性・結論先行・箇条書き

1 短文で書く

　ビジネス文書作成の第一のコツは短文で書くという点です。多くの指南書共通のコツですから、その話からはじめましょう。

▶わかりやすく書く　　　　　　▶読みやすく書く
▶正確に書く

　ビジネスシーンで書く際の留意点はたったこの3点だけです。それができないから苦労しているのだ、という読者の声が聞こえてきそうです。確かにそうですが、それでは逆に考えてみましょう。

◉ 設問（1）

▶わかりにくい文章とは、どのような文章か？
▶読みにくい文章とは、どのような文章か？
▶不正確な文章とは、どのような文章か？

　「悪文」という言葉があります。試みに辞書を引いてみます。「難解な言葉を使ったり、文脈が乱れていたりして、理解しにくい文。へたな文章。」（『大辞林』第三版）「へたな文章。文脈が混乱して、わかりにくく誤解されるような文章。」（『広辞苑』第四版）ほかにも「駄文」、「拙文」、「乱文」などという言葉が辞書には載っています。

3.1 短文・簡潔性・結論先行・箇条書き

　これを噛み砕いていうと、
「難しい単語や熟語を多用した文章」、「読めない漢字が多い文章」「知らない横文字が多い文章」、「まわりクドイ文章」、「長い、長ーい文章」などが考えられますし、さらにもう少し突っ込んでみると、
「書いている本人がよくわかっていない文章：無理して書いているのではないか？」
「読者不在の文章：誰にあてて書いているのか？」
「意図不明の文章：何を目的に書いているのか？」
　などもありそうです。
　最も単純で、誰でもすぐに実行できることは、「短文で書く」ことです。
　短文とは、ひとつの文を長くしない、一文で多くのことを書こうとしないということですが、辞書でいう「文脈の乱れ」解消の早道です。その具体的な目安は次のとおりです。

▶一文の長さは新聞記事がお手本……論説ではなく記事をお手本に
▶1行ないし1行半に句点（マル）……A4フルサイズ横書きの場合
▶1行に少なくともひとつの読点（テン）……同上
▶声に出して読んだときに息継ぎする箇所に読点……読みやすさ重視の方法

　文字数でいえば一文 30 字から 50 字程度が目安で、……であり、とか、……そして、または、および……、さらには……などと、いつまでもダラダラ続けないように心がけましょう。限度は 50 〜 60 文字見当、A4 パソコン文章なら 2 行までです。それだ

> ## ビジネス文書は短文で書く
>
> ### ビジネス文書は論文や小説ではない
>
> ■読む側に伝わりにくい長文
> 　…が…で…も…と、ダラダラ文やクドクド文は禁物
> ■要旨、趣旨を簡潔に伝える短文
> ■短文の目安（参考：新聞記事）
> 　「。」句点……1行か1行半にひとつ
> 　「、」読点……1行にひとつ。または、
> 　　　　　　　　声に出して読み、息つぎのところでひとつ
> ■視覚的効果を考える
> 　一目でわかるように、行を変える。行を空ける。段落を変える

けの心がけで読みやすさは格段にアップします。

　短く書けないのは、多くの場合、書き手のアタマが未整理か、書こうとする中身に決心がないからです。ひとつの文にはひとつのことを書くよう心がけましょう。ただ、とにかく短ければよい、ということではありません。いちど素直に書いてみて、わかりにくいと思ったときはふたつの文に分ければよいのです。

　文化人類学者・梅棹忠夫は、その著『知的生産の技術』（岩波新書）の中で、文章はわかりやすく書くことが最も重要であり、電報ではないのだからただ短く書けばよいというものではない、ということをいっています。

　これは、**わかりやすさ（目的）のために短く書く（手段）**、と理解すればよいでしょう。

　次の文例は、ある公共職業安定所から事業主あてに発信されたレターの一部です。

3.1 短文・簡潔性・結論先行・箇条書き

（前略）さて、＊＊＊＊年には65歳以上の高齢者が4人に1人となることが予想され、最新の人口推計で2050年には、高齢化率（全人口に占める65歳以上の割合）が40％近くに達する見込みであり、中長期的には、労働力人口の減少も危惧されるところであります。

こうした中、「団塊世代」が65歳に到達し、高齢者の高い就労意欲を踏まえ、「70歳まで働ける企業」の普及に向けた環境整備が必要となることから、公共職業安定所及び社団法人＊＊雇用開発協会との共催により「高年齢者雇用支援セミナー」を、別添のとおり開催することといたしました。（後略）

この文例は2つの文で構成されていますが、最初の段落が115文字、後段が128文字もあります。特に後段はわかりにくい文です。一文が長すぎるからです。

さて、＊＊＊＊年には65歳以上の高齢者が4人に1人となることが予想されています。最新の人口推計では、2050年には高齢化率（全人口に占める65歳以上の割合）が40％近くに達する見込みです。また、中長期的には、労働力人口の減少も危惧されるところであります。

そこで、私どもは「高年齢者雇用支援セミナー」を開催することといたしました。就労意欲の高い「団塊世代」が65歳に到達し、「70歳まで働ける企業」の普及に向けた環境整備が必要となるためです。詳しくは別添資料をご覧ください。

「日本国民は、恒久の平和を念願し、人間相互の関係を支配する崇高な理想を深く自覚するのであつて、平和を愛す

る諸国民の公正と信義に信頼して、われらの安全と生存を保持しようと<u>決意した。</u>」(『日本国憲法』前文)

上記は、1946年11月に制定された日本国憲法の前文ですが、憲法制定時の理念を表す格調高い名文だと思います。

いままた〈憲法ブーム〉の様相を呈しているようですが、私が中学1年生当時、はじめて憲法前文を読んだ1962年には、「平和」という文言にはリアリティがありました。終戦からわずか17年、制定から16年だったことにいまさらながら驚いています。

ただ、この文をいま改めて読み、文字数を数えてみると88文字で、ひとつの文としては長い部類に入る一文であることに思いが至ります。

<u>日本国民は、</u>(主語：6文字)の後、<u>決意した。</u>(述語：5文字)の前に入る部分の文字数だけで77文字です。

「<u>われらは、</u>いづれの国家も、自国のことのみに専念して他国を無視してはならないのであつて、政治道徳の法則は、普遍的なものであり、この法則に従ふことは、自国の主権を維持し、他国と対等関係に立たうとする各国の責務であると<u>信ずる。</u>」(同上)

上記も同じ憲法前文の一部ですが、<u>われらは、</u>(5文字：主語)と<u>信ずる。</u>(4文字：述語)までの間に101文字が挿入されています。

つまり一文が100文字を超えています。

憲法前文は、日本国民なら誰もが一度は読む文章ですし、これからも多くのひとに読み継がれ、歴史に残るものですから、わかりやすく、読みやすく、かつ格調高いものであるべきだと思いますが、いかにも長いという印象は免れません。長いが故に読点が

多くなり、2例目にあげた文の読点の多さは、やや気になるところです。

> 「われらは、いづれの国家も、自国のことのみに専念して他国を無視してはならないと信ずる。また、政治道徳の法則は普遍的なものであり、この法則に従ふことは、自国の主権を維持し、他国と対等関係に立たうとする各国の責務であると信ずる。」

試みにこのように2分割してみると、格調の高さという点で原文と比べて見劣りするものの、わかりやすさは格段にアップします。

文字数を数えてみると、最初のわれらは、(5文字)と信ずる。(4文字)までの間は33文字、後段は、われらは、という主語を省略して、信ずる。という述語のみの文とし、また、と信ずる。の間は62文字です。

このように、会社で書く文章であれば、わかりやすさ優先です。ひとつの基準としては、息継ぎなしで一気に読めないようなら長すぎると考えることもできます。私たち実務家にとって優先すべきことは、格調の高さではなく正確さやわかりやすさです。

ちなみに作家・野坂昭如はいつまでも延々と、ときに1ページまるまる一文が続く長文で有名でしたが、あくまでそれは文章のプロの仕事です。初心者が真似てはいけません。

2 事実と意見は分けて書く

同じ映画を観ても感想はそれぞれ異なり、同じ小説を読んでも受け取る印象は人それぞれです。人格性格が異なる以上、それは

当然のこととして私たちは理解しています。

> ● 設問 (2)
>
> 同じ研修を受けても、同じ講演を聴いても、さらには同じ上司の訓示を聴いても、受け取り方は人によりさまざまであり、致し方のないことと理解してよいのでしょうか。

　……南の島に出張した靴のセールスマンが2名いました。そのひとりの報告は「ダメです。ここでは誰も靴を履く習慣がありません。売れるはずがありませんから、いますぐに帰国します」というものでした。そしてもうひとり。「すごいマーケットを発見しました。ここでは誰も靴を履く習慣がありません。バンバン売れるはずですから、サンプルを至急送ってください」
　——別のお話をもうひとつ。
　コップに水が入っています。水の量はちょうど半分です。これをどう評価するか。
　Aさんの事実認識と評価：すでに水は半分しか残っていない。心配だ。
　Bさんの事実認識と評価：まだ水は半分も残っている。安心だ。

　これらのお話から指摘できることは、次の諸点です。
①事実は事実であって、誰にとっても事実である。
②事実を認識するのは人間であって、ときには正反対の認識もあり得る。
③認識が異なれば、その後の対応も異なる。

3.1 短文・簡潔性・結論先行・箇条書き

事実と意見は分けて書く

■「事実」とは、誰が書いても<u>同じもの</u>

■「意見」とは、各人により<u>異なるもの</u>

報告書	「事実」が報告中心であること 「意見」「所見」とは区別すること
議事録	すべて「事実」である 要約であっても「事実」に限定される

　一方を楽観主義者といい、他方を悲観主義者ということは簡単ですし、ポジティブかネガティブかという分類も可能ですが、大切なことは、「**事実をどのように認識するべきか**」という問題です。

　換言すれば、「事実から次のどのようなアクションを導くのが正しいか」といってもよいでしょう。

　楽観・悲観でいえば、楽観的に認識することが正しい場合と、悲観的に認識するべきときとがあり、認識イコール判断ということができます。靴のセールスマンの極端に異なる認識は、同じ事実をどう捉えるかの相違であり、「だから売れる」のか、あるいは「だから売れないのか」という〈判断〉の問題というべきです。

　つまり、ここがある種の「差」となって現れてくるのですが、**ビジネスにおける文章は「事実と意見を区分する」ことが大切である**といいつつ、その難しさを物語っています。

　たとえば「報告書」です。一般に報告すべき内容は「事実の報告」と「所見・感想の報告」の2種類あり、これを混同してはいけません。

　私が実見した例ですが、取引先向けの「クレーム対応報告書」

の冒頭に書いてあった文章は、「今般はご迷惑をおかけし誠に申し訳ありません……」で始まる10行余りの「お詫び文」でした。この事例は、「お詫び状兼報告書」ではあっても、「クレーム対応報告書」とはいえません。お詫び文と対応報告文とを混同しています。タイトルを代えるか、お詫びの書状を別に作成すべきでした。

▶何月何日何時に、X課長とY課長が、○○について打ち合わせのため会議し、結論を××として会議を終えた。……**事実**
▶書記を務めたA係長は、「この結論は間違っているのではないか」と思った。……**意見**

こういう単純な話であれば誰も苦労はしないのですが……。

3 タイトルは簡潔に書く

タイトルは簡潔にして、要領よく中身を的確に表現するものでなければいけません。いうまでもない大原則です。

● 設問（3）

文書にタイトルをつけるときの留意点は？

「日本国とアメリカ合衆国との間の相互協力及び安全保障条約第六条に基づく施設及び区域並びに日本国における合衆国軍隊の地位に関する協定及び日本国における国際連合の軍隊の地位に関する協定の実施に伴う道路運送法等の特例に関する法律」

これは実在する法律のタイトルです。110文字あります。いちど読んだだけで理解できるひとは、法律の専門家ならいざ知ら

ず、なかなかいらっしゃらないでしょう。息継ぎなしで一気に読み上げることも困難です。

「及び」が3回、「並びに」が1回登場し、いちどにたくさんのことを書いています。一般人の感覚からいえば勘弁してもらいたい長さですが、正確に中身を表す表題を考えればこうなってしまうことも理解できなくはありません。

しかし、このタイトルは「要領よく中身を的確に表現するもの」ではあっても、「簡潔にして」という点では問題ありといわざるを得ません。このような例は、法律の題名としては枚挙に暇がありません。似たような法律が、長い歴史の積み重ねの結果、いくつも作られてきたからでしょう。

また、国民生活の在り様に直接関係する法律の場合、簡潔さよりも的確さや正確性を重視しなければなりませんから、止むを得ない側面もあります。

とはいうものの、平均的国民目線からは程遠いというべきです。

ただ、……対策基本法とか、……暫定措置法、……臨時特別措置法などと称して、その法律の位置づけをタイトル上でも一般人にもわかるよう工夫している気配も、近年は感じられます。

内容的にみて**どうしても長くならざるを得ないときの対策**ですが、次のような方法が有効です。

……創立××周年記念企画……
全社 HAWAII 旅行決定!!
永遠の楽園・4泊6日の旅を全社員でエンジョイしよう!

中央がメイン・タイトル、上段および下段がサブ・タイトルです。メイン・タイトルの文字は大きく、サブ・タイトルは小さくするなど、レイアウトや飾り文字を工夫すれば一層わかりやすくなります。1行に書こうとするから無理が生じるのです。

ちなみにサブ・タイトルは上下どちらかにひとつ、または例示のように上下にひとつずつまでなら問題ありません。
　ビジネスシーンにおいては、長いタイトルは論外としても、であるからといって、タイトルは短ければよい、ということでもありません。

- ご報告　　　　・ご連絡　　　　・ご相談

　メールのタイトルによくある例です。「帯に短し、襷に長し」という格言がありますが、タイトルは長くてもダメ、短くてもダメです。
　私は、あるとき、「報告」というタイトルのメールを複数、「ご相談」もまた複数、同じ日に受け取ったことがあります。こういうケースは、どれを優先して読むべきか、どれが重要で緊急性のあるメールか判断ができにくく、タイトルはあって無きが如しという状態でした。
　受け手にとって、これではタイトルとしての意味がありません。法律の題名と逆で、簡潔ではあっても、要領よく中身を的確に表現していないからです。中身の説明がないのは受け手に対して誠に不親切です。
　メールについては別途179ページでも解説しますが、書き手の配慮が届かない事例は枚挙に暇がありません。

- ○○についてのご報告　　　・××のご連絡
- ××に関するご相談

　上記のように、中身を簡潔に表現するタイトルを付すことは、決して難しいことではありません。書き手の少しの努力または配慮で可能です。このことは、読み手がどのように受け取るかの想

像力の問題ともいえます。少しの親切心があればすぐに解決です。

- ○○について（ご報告）
- ××の件（ご連絡）
- ××に関して（ご相談）
- 【至急】○○について（ご報告）
- 【転送禁止】○○問題状況報告
- 【厳秘】××の件

　上記のような書き方もあります。特に、情報セキュリティが重要視される一方で、日常的なやりとりの頻繁なメールについては、タイトルに神経を配りたいものです。

4 結論を先に書く

◉ 設問（4）

あらゆる文章の基本的構成は「起承転結」とされています。ビジネスシーンにおいても同様でしょうか？

　ビジネスの世界にあっては忘れてください。なぜか？　みんな忙しいからです。要は何？　だからドウシタ？　さっさと結論を述べよ。ここは 31 ページを改めて参照してください。

「勧　酒」　　　作：于武陵（うぶりょう）

　勧君金屈卮　　君に勧む（すすむ）金屈卮（きんくつし）
　満酌不須辞　　満酌（まんしゃく）辞するを須いず（もちいず）
　花発多風雨　　花（はな）発（ひらけば）風雨（ふうう）多し
　人生足別離　　人生別離（べつり）足る（たる）

同　　　　訳：井伏鱒二

コノサカヅキヲ受ケテクレ
ドウゾナミナミツガシテオクレ
ハナニアラシノタトヘモアルゾ
「サヨナラ」ダケガ人生ダ

読み下し：神谷洋平

まあ、イッパイ飲ろうや
遠慮は無用だ
いいこともあるし嫌なこともある
人生は別れの連続だよ

　唐代の詩人：于武陵（うぶりょう）の作とされる五言絶句で、遠地へ赴く友人に勧める酒を詠んだ詩です。中学か高校で習ったひとも多いのではないでしょうか。
　人事総務を長く担当してきた私にとって、この漢詩にはさまざまな思い入れがあります。人事異動、転勤、退職、そして何回かの永遠の別れ……。
　井伏鱒二の訳が有名ですが、起承転結の一例としてあげておきます。もともと起承転結は漢詩を詠むに際しての心得からきているからです。文芸作品であることを無視し、これをあえて無理やりビジネスの世界に転換すれば、最初に「さよならだけが人生だ」と書きましょう、ということになります。
　このあたりが創作文と実用文の大きな違いです。文芸作品のような文章の余韻や含蓄は無用と考えてください。率直に直截に書きましょう。
　なお、余計なことですが、金屈卮とは把手（とって）付きの金

杯のことです。

5　「箇条書き」で書く

> ● 設問（5）
>
> 「箇条書き」のメリットをあげてください。

　これについても 65 ページでご紹介済みです。念のためもういちどご覧ください。必要な項目を箇条書きに整理して表記するだけで、あっという間に誰が見てもビジネスチックな文書ができ上がります。

　また、初めから箇条書き的にアタマを整理してモノゴトを考える習慣を身につけることができれば、それだけ効率的な仕事が可能になるでしょう。

　複雑に錯綜したビジネス事象に直面したとき、「問題は①……、②……、③……」という具合に、箇条書き的にアタマの整理ができれば素晴らしいことです。

「箇条書き」はビジネス文書作成技法のイロハのイ、基本のきです。

3.2 横書き・1ページ・論理的・文体と用語の統一

6 短文で書く

> ● 設問（6）
>
> 日本語はあくまでも縦書きが原則であり、ビジネスシーンにおいてもできるだけ縦書きすべきである。
> ……この見解は正しいですか？

　皆さんよくご承知のとおり、日本語は縦書きの言語であり、「横文字」と称することも多い英語やフランス語との大きな相違です。書道は縦書きで教えますし、国語の教科書も縦書き、文庫本でも新書版でも、書籍雑誌の大半は縦書き・縦組みです。縦書き文でないとどうにも読みにくい、中見がアタマに入らない、というひとも多くいらっしゃいます。

　しかしながら、ビジネスシーンにおける文書はどうかといえば、**今日ではむしろ横書きが大部分で、官庁など一部例外を別にすれば「横書き」が一般的です**。用紙サイズも A4 が主流であると考えて間違いありません。なぜでしょうか？

- ▶欧文の混入
- ▶数字記入の際の便利さ
- ▶用紙サイズの国際基準普及
- ▶ワープロ・パソコンの普及

　などが主な理由として考えられますが、企業の海外取引増加も

大きく影響していると思います。いずれにせよ、縦書きが皆無ということではありませんが、ビジネス社会においていまや横書きは自然になりました。

「書はひとなり」などといって、風格のある上手な文字を書くひとは人格者であるかのような言い方があります。書が実用の世界から美の世界になっていた時代の話です。西郷隆盛にせよ伊藤博文にせよ、墨痕も鮮やかに立派な筆字の色紙や書簡を後世に残した偉人からみれば、今日の横書き全盛は妙な具合かもしれません。というより、少なくともビジネスシーンにあっては、縦書き文がそもそも珍しい時代です。ただ、便利さや効率という観点からいえば、もはや横書きは縦書きに勝っているという実感が私にはあります。

> 「文章を書くときはどうしても縦書きでなければならない。縦書きから生まれる文章のリズムは横書きで得られるものではない。特に平仮名というものは縦書きで書くようにできている。私の取材ノートに書くメモは横書きが多いが、これは使えると思うようないい文章が浮かんだときには、必ず縦書きで書いている」
>
> （阿刀田高『日本語を書く作法・読む作法』時事通信社）

これは、文部科学省文化審議会国語分科会の『敬語の指針』作成に、委員として関与した小説家の意見です。なるほど文章のプロからみればそうなのでしょう。平仮名で書かれることの多い短歌や和歌を色紙に書くとすれば、横書きはあり得ません。

考えてみれば、英語やフランス語を縦書きにすることは非常に困難です。私は子供のころですが、外国の書店では、たくさんある本をどのように陳列してあるのだろうと疑問に思っていた時期があります。

縦書きしにくい背表紙でも無理に縦に表示してあるのか、それとも背は横書きにして、本を横に積み上げているのか、長いタイトルのときはどうするのだろう、書店でお目当ての本を探すお客は、顔を斜めにしているのか……？

　日本語であれば、背表紙は縦書き、表紙は横書き、本文は縦書きでも横書きでも可能ですから変幻自在です。

　このような日本語の融通無碍な特性を活かした（？）事例としては、たとえば運送会社のトラックなど、社有車のボディに書かれた社名や商品名の横書きがあります。それもただの横書きではなく、運転席から後方に向けて、すなわち右から左方向への横書きスタイルを読者各位も目にされたことがあると思います。私には極めて違和感のある書き方で、昭和10年代かと思いたくなるほどですが、クルマの進行方向から後部に向かって文字を連ねる方法でも、見事に（？）日本語は対応してくれています。

　これが英語だったらどうでしょう。「Sky」と左から右に書くからこそ英語で「空」と読めますが、「ykS」と逆から書いたらまるで意味不明です。

7　「1ページ」に書く

● 設問（7）

ビジネス文書はできるだけ1枚に収めたいとはいえ、長文にならざるを得ないとき、どのような方法がありますか？

　私は本書の原稿をパソコンで作成していますが、A4標準サイズの画面に10.5ポイントの標準体で入力すると、40文字×36

3.2 横書き・1ページ・論理的・文体と用語の統一

行＝1ページに1,440文字も入ります。400字詰原稿用紙に換算すると3枚半というボリュームです。

年月日・宛名・書き手の所属氏名・タイトルを書き、用件に800字を費やすとして、ほとんどの用はこれで足りると考えましょう。**1枚で書き切れない複雑で錯綜したテーマの場合でも、その要点を1ページにまとめて書き示すことが大切です。**その場合には、「別紙資料参照」とか「詳細添付別紙」と表記することで、

- **本文＝1ページ**
- **資料＝添付××ページ**

と整理するとわかりやすい文書になります。

要は、肝心なことは最初の「1ページ」に書いてあり、そこだけ読めば要点がわかるように書く、という書き方です。

これは、いわば新聞記事の書き方に通ずるものです。

▶**大見出し**……台風○号列島を縦断
▶**中見出し**……10年振り各地に甚大な被害が発生
▶**小見出し**……××市内で○○世帯に床上浸水

リード、本文と、読者の興味・関心のレベルに応じて数段階の書き方で構成されている新聞。その書き方をお手本にするとわかりやすいでしょう。

会社によっては、「全文書1ページ運動」などと称して、1枚にまとめることを奨励しているケースもあります。
「山、高きを以て尊しとせず」ならぬ「文書、長ければとて尊しとせず」です。

まして会社においては、技術論文や製品仕様書など専門的文書なら別ですが、可能な限り短くすることを念頭に置き、1ページにまとめるよう工夫したいものです。このような作業が、結果として文書全体を引き締まった無駄のないものにします。

8 論理的に書く

> ● 設問（8）
>
> 論理的な文章を書くときの留意点をあげてください。

　論理的に書くとは、①根拠・理由、②主張、③その繋がりが、なるほどもっともである書き方のことです。

　したがって、主観的にならない、余計なことを書かない、必要なことは洩らさない、前提条件はきちんと押さえる、結論を明確に書く、具体例を書く、などが大切です。

　会社をはじめ、実用文にあって、論理的であることは必要条件といえます。

- ▶ 主観的にならない……独りよがりに陥っていないか。反論・異論に配慮しているか。冷静に書いたか。
- ▶ 余計なことを書かない……論旨に無関係な、または関係の薄いことを書いてはいないか。
- ▶ 必要なことは洩らさない……書くべき事項はすべて書いているか。洩れはないか。
- ▶ 前提条件はきちんと押さえる……主張の前提となる条件を書いたか。
- ▶ 結論を明確に書く……だから何？　それでドウシタ？
- ▶ 具体例を書く……具体例を書くことで説得力が増すように書いているか。

　論理的に書くために大切なことは、冷静なこころ、突き放して

見る客観的な目、読み手をイメージするゆとり、木のみでなく森を見る広い視野などです。

9　文体と用語を統一して書く

> ● 設問（9）
>
> 「ですます体」と「である体」、注意すべきポイントはどこですか？

「……です。」「……である。」ほとんどの文書は、このどちらかで書かれています。いちど始めたら最後まで同じ文体で貫きましょう。

「ですます体」と「である体」 を一文書のなかで同時使用することが絶対にないわけではありませんが、できるようなら、それはもはや専門家の領域です。

- **〜です**……名詞につく丁寧語。山です。川です。机です。
- **〜ます**……動詞につく丁寧語。掃除します。洗濯します。

ただし、文体には「落とし穴」があり、「です」から「である」に、単に文末を置き換えるだけでは済まない部分がありますから要注意です。
「です」は、いつでも「だ」に置き換えられるか？　と考えてみましょう。

×：この製品は安いである。……とは、誰も書きません。

？：この製品は安いです。……一見正しいように思えます。
×：この製品は安いだ。……とは置き換えられません。
◎：この製品は安価です。〜安価だ。〜安価である。……「安い」から「安価」へ表現を変えれば問題なく置き換えることができます。

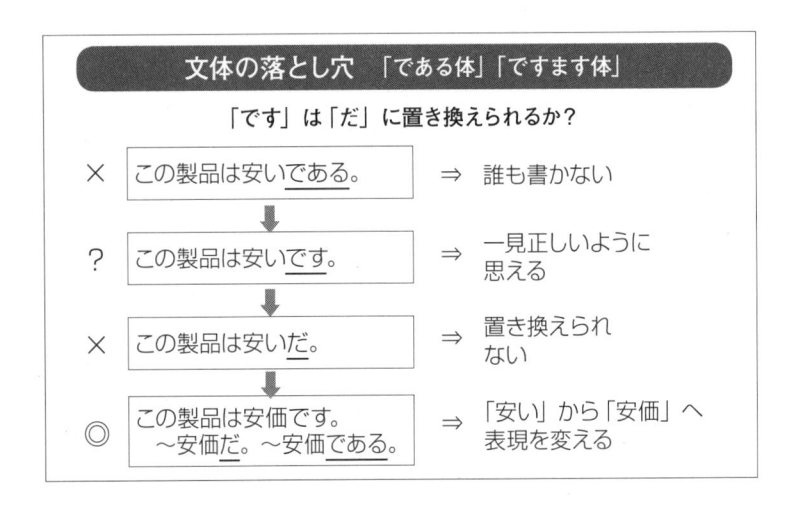

文体の落とし穴　「である体」「ですます体」

「です」は「だ」に置き換えられるか？

×	この製品は安い<u>である</u>。	⇒	誰も書かない
？	この製品は安い<u>です</u>。	⇒	一見正しいように思える
×	この製品は安い<u>だ</u>。	⇒	置き換えられない
◎	この製品は安価<u>です</u>。〜安価<u>だ</u>。〜安価<u>である</u>。	⇒	「安い」から「安価」へ表現を変える

これを逆説的にいえば、「この製品は安いです」という用法は、本来的な文法としては間違っている、ということになります。

美しいです、有難いです、嬉しいですなど、同じ用法はいくらでも例示することができますし、ある意味ですでに市民権を得た用法ですが、口語として広く活用されているからといって、文語としては抵抗感を持つこと。つまり、「ですます体」・「である体」の選択は、語尾だけの問題に留まらないということです。

ただし、「安い<u>の</u>です」や「安い<u>の</u>だ」「安い<u>の</u>である」という語法は間違いではありません。助動詞の「です」や「だ」は、名詞のほかに「の」という助詞には接続できるからです。

また、用語の統一使用ですが、意外にも無意識に同義語を複数

使用しているひとは多く、私はこれまで何度も目にしてきました。読み手の誤解、混乱はもとより、文書全体の信憑性が疑われかねません。いちど使った用語は最後まで同じ用語で書いてください。

　なお、**送り仮名については、原則として最小限でよい**、と私は考えています。意味が通じないのは困りますが、送り仮名が多ければ、それだけ文書全体が長くなり、レイアウトとしても見苦しいからです。送り仮名のつけ方は 158 ページを参照してください。

●**用語統一例**
- 該当品　当該品　当該商品　本件製品　本品　現品
- 商品　製品　品物　物品
- 在庫品　在庫商品　在庫製品　売れ残り品　出荷待ち品　手持ち商品
- 棚卸品　棚卸し品　たな卸し品　店卸品　店卸し品
- お引き立て　お引立て　お引きたて　お引立　御引立
- 見積書　お見積書　見積もり書　見積り書
- 売上　売り上げ　売上げ

3.3 業界注意事項・固有名詞・定型文の活用

10 地域語（方言）・業界用語に注意して書く

> ◎ 設問（10）
>
> あなたの属する業界特有の用語にはどのような言葉がありますか？

ビジネス文書は標準語で書く。改めていうまでもない大前提ですが、意外な盲点がありますから注意が必要です。

たとえば、中部地方の独特な言い回しに、「……してみえます」があります。「今日、○○部長は出社してみえますか」とか、「レポートを書いてみえる」、「会議に出席してみえる」、「何か考えてみえる」など、「……していらっしゃる」という尊敬語のように使われますが、これは地域語（方言）です。

私のみるところ、名古屋生まれ名古屋勤務のビジネスマンのなかには、どうやらこれを地域特有の表現方法であるとは理解していない方が多いように感じます。全国的な視点では違和感があり、通用しにくい言い方ですから、名古屋圏の読者がいらっしゃればこの際ご留意ください。

- 訪問者　「こんちは。儲かりまっか」
- 受付者　「まいど。まあ、ぼちぼちでんな」

関西で日常的に交わされる取引相手との典型的挨拶としてよく引用されますが、客観的にいえば何か意味を持っているわけでは

ありませんし、儀礼的なやりとりに過ぎません。関東のビジネスマンにこのニュアンスは通用しない、と考えておくべきでしょう。

ビジネス用語・業界用語 (社内用語)

ビジネス用語の例

私、僕	→ わたくし
私たち、僕たち	→ わたくしども
今日	→ 本日
明日（あした）	→ 明日（みょうにち）
昨日（きのう）	→ 昨日（さくじつ）

用語の使い分け	
	枠組み、スチーム
	××担当、××マター
	判断、意思決定、ディシジョン
	手法、メソッド
	知識、経験、リテラシー
	ポイント、KEY、重要な部分

業界用語の例

警察用語	ホシ	犯罪容疑者
芸能界	アゴアシ	食事・旅費
運送業界	天地無用	上下を逆にしてはいけないという注意書き
IT業界	舐める	すべてのデータを順に読み込むこと
銀行業界	キュウフリ	給与振り込み
	ヤクテ	約束手形
	ユウテ	融通手形

※とくに上記例にあげたように、業界用語は社内用語と同じく慣用語や略語、符牒・隠語など、うちわでしか通用しない用語があることに注意を要する。

また、業界特有の用語、隠語などにも要注意です。

業界内、仲間内でのみ使用される用語や隠語、符牒などは、業界外、仲間以外で使ってはいけません。

地域語、方言、業界用語などは、ある限定された範囲のなかでのみ使用することを暗黙のうちに相互了解した言語ですから、範囲外で使うことはルール違反ということになります。

たとえば「アゴアシ」は芸能界からはじまった隠語ですが、今日では広く一般用語になっています。とはいえ、「食費・旅費」と書くべき相手やケースのとき、「アゴアシ」と書いてはいけません。

11　固有名詞には細心の注意をはらって書く

> ● 設問（11）
>
> 固有名詞とはどのようなものですか？

　下記は典型的な固有名詞の例です。「固有」ですから、勝手に省略してはいけません。文書化するときにはよほどの注意を要します。「横河商事」を「横川商事」と書かれれば、やはり私はムッとしますし、洋平は陽平ではありません。

　特にパソコン入力の際には、変換ミス、変換洩れが生じやすいことに細心の注意をはらってください。和男・和夫・一雄・一夫・和生・和郎、どれもかずおさんですが、和男さんにとってはどうしても「和男」でなければいけません。姓名には旧字や難しい文字も多く、要注意です。

固有名詞の表記

企業や個人の表記・字体は固有のものである

企業名（例）	個人名（例）
×　(株) 横河商事	・横河、横川
○　横河商事株式会社	
×　新日本製鉄株式会社	・渡部、渡辺、渡邊、渡邉
○　新日鐵住金株式会社 　　（2012.10 合併により社名変更）	・小島、小嶋
×　キャノン株式会社	・浜崎、濱崎
○　キヤノン株式会社	

確認の方法はいくつかありますが、会社名ならホームページ、個人名なら名刺が確実です。いずれも第一次情報：当事者情報だからです。

　また、株式会社を㈱、サービスセンターや製作所をＳ／Ｓなどと表記する例もよくありますが、あくまでも略式表記と考えてください。職場によっては○山部長＝○山Ｂ、○山課長＝○山Ｋ、○山課長代理＝○山Ｋ／Ｄなどと表記している例もありますが、私にはやや違和感があります。

12　定型文を活用して書く

> ◎ 設問（12）
>
> 慣用語、定型文とはどのようなものですか？　どういうケースで用いられますか？

　ビジネス社会においては、慣用語、定型文がしばしば使われます。ビジネスレターの前文に必ず書かれる時候の挨拶はその好例です。決まり文句ですから、エネルギーを費やす必要はありません。私たちは文芸家を目指しているわけではありませんから。

　センスにあふれた前文や時候の挨拶は当然あるでしょうし、書ければそれに越したことはありません。初心者が可能な限り独自性を発揮したいと願う気持ちは大切ですが、本文にこそ注力すべきです。

前文の書き方

前文は慣用語を使って定型文として書く

時候の挨拶
主に社交的レター

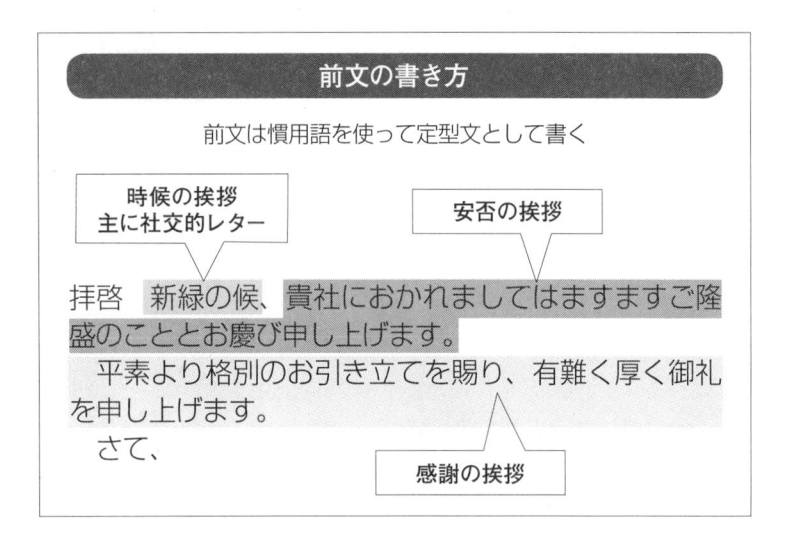

安否の挨拶

拝啓　新緑の候、貴社におかれましてはますますご隆盛のこととお慶び申し上げます。
　平素より格別のお引き立てを賜り、有難く厚く御礼を申し上げます。
　さて、

感謝の挨拶

　私はあるとき、「何卒よろしくお願い申し下げます」という印刷物を目にしたことがあります。あるメーカーが主催する新製品展示会の案内状の冒頭に書かれた社長の挨拶文でした。

　私は心底から驚いて読み返してみましたが、間違いなく「上ではなく下」と書かれていたのです。繰り返しますが〈印刷物〉です。

　これは、失礼ながら儀礼的な社長の挨拶など、実は誰も読んではいないという冷徹なゲンジツを物語っているのかもしれませんが、誠に恐ろしいことです。

　そのゲンブツはいつの間にか紛失してしまい、証拠品をお見せすることができず、誠に残念ではあります。

　また、前文や時候の挨拶以外にも、本書でここまでいくつか使用してきたような慣用語もあります。「書はひとなり」、「山、高きを以て尊しとせず」、「帯に短し、襷に長し」などがそうです。これら慣用語は知らなければ使えませんから、まずは知識として引き出しに入れておくことが前提ですが、効果的に使えれば初級者を卒業したことになるでしょう。

3.4 ひらがな・漢字・カタカナ＋数字等の使い分け

13 接続詞・副詞はひらがなで書く

> ● 設問（13）
>
> 接続詞とは？　副詞とは？

　初心者の誤解のひとつが「漢字をたくさん使用すれば格調高い文章になる」、「大人の文章は漢字の多寡で決まる」というものです。「……事です」「然し……」「又……」などと書くひとが結構いらっしゃいます。そのようなことは、まったくの根拠なき迷信・誤解です。

　153ページの設問14でご紹介するように、**漢字があまりに多い文章はむしろ読みにくい**と考えてください。

　下記例のように、ひらがなで書ける文字は原則としてひらがなを使用すべきです。

　文法の世界の分類でいえば、**接続詞や副詞はひらがなで書きま**しょう。無理に漢字にするのは愚かなことと考えてください。肝心なことこそ漢字です。**漢字でなければならない語句、すなわち漢語こそ漢字**です。

　ただし、法律の文章には適用しません。次の例示をご覧ください。

「・高速道路を通行する場合……大きな条件
　・法に別段の定めのあるとき……小さな条件
　・親の財産を相続する時……その時点

上記事例のように、法律文はひらがなと漢字ではその意味するところが異なるように書かれているからで、正確性と厳密性に立って語句が定義され、法律文として成立していればこその話です。」

(小島和夫『やさしい法令用語の解説』公職研)

▶ A 及び B 並びに C……「及び」のないとき「並びに」なし
▶ A 又は B 若しくは C……「又は」のないとき「若しくは」なし

接続詞・副詞の表記

原則としてひらがな（なるべく漢字は使わない）

(接続詞)	又は	→	または
(接続詞)	及び	→	および
(接続詞)	従って	→	したがって
(接続詞)	然し	→	しかし
(接続詞・副詞)	或いは	→	あるいは
(副詞)	例えば	→	たとえば
(副詞)	是非	→	ぜひ

※ただし、ビジネス法令文書で使われる法令用語を除く

法令用語の例

法令文では用字用語、用法が確立されている

高速道路を通行する場合	大きな条件	意味が異なる
法に別段の定めのあるとき	小さな条件	
親の財産を相続する時	その時点	

A 及び B 並びに C	「及び」のないとき「並びに」なし
A 又は B 若しくは C	「又は」のないとき「若しくは」なし

壱・弐・参・拾	(阡・萬・圓)

法律文では「及び」も「又は」も漢字が用いられています。契約書などの法律に基づいた文書なら倣うべきケースもありますが、だからといって、わたしたちビジネスマンの作成するすべての文書を法律文のルールに習う（倣う）必要はありません。「および」「または」「あるいは」「たとえば」でよいと思います。

14　適切な漢語を使って書く

> ● 設問（14）
>
> 和語とは？　漢語とは？

一方、どうしても漢字でなければならない言葉もあります。

ご承知のとおり、日本語には和語と漢語があり、漢語は漢字でなければ意味が通じません。1946年、アメリカの教育使節団の来日を契機に、非効率な漢字を廃し、日本語はすべてかなに統一しようとする試案が世間を騒がせたことがありました。

しかしながら結局は社会から受け入れられませんでした。

漢字は中国から輸入された文字に始まったものですが、数百年を経てわが国固有の文字へ進化・定着しているからです。まだ十分な漢字教育を受けていない小学生の作文ならともかく、すくなくとも大人は〈漢語こそ漢字〉です。

- ▶**明確な意思**……はっきりした意思
- ▶**明白な事実**……はっきりした事実
- ▶**鮮明な視界**……はっきりした視界
- ▶**明晰な頭脳**……はっきりした頭脳

上記4文例は、和語ならどれも「はっきりした」の一語で済みますが、漢語では「明晰な意思」とはいわないし、「明白な視界」ともいいません。

和語（大和言葉）と漢語

和語（大和言葉）
- はっきりした意思
- はっきりした事実
- はっきりした視界
- はっきりした頭脳

上記はいずれも、はっきりしたという言葉ひとつで足りる。
しかし、和語は情緒的な表現としては豊かだが、物事を客観的に細かく言い分ける点では漢語に及ばない。

漢語
- 明確な意思
- 明白な事実
- 鮮明な視界
- 明晰な頭脳

漢語では、上記の組み合わせしかなく、「明晰な意思」とはいわないし、「明白な視界」ともいわない。
ひとは多くの読書によって、それぞれの使う場合を文脈ごと覚えており、覚えていなければ間違う。

出典：大野　晋著『日本語練習帳』

「ひとは多くの読書によって、単語の意味だけでなく、それぞれの使う場合を文脈ごと覚えており、覚えていなければ使い方を間違うことになります。また、ひらがなやカタカナでは意味が伝わりにくく、文字数も必然的に増えてしまい読みにくくなります。」（大野　晋『日本語練習帳』岩波新書）

一般に、漢字が多い文章は堅く、すくなければソフトになることは事実ですが、日本語は「漢字仮名交じり文」といい、漢字と仮名が交じってできています。アルファベットのみの英語とは大きな相違点です。国語辞典の定義を確認してみましょう。

『国語を書き表す最も普通の表記法で、漢字と平仮名（または片

仮名）を混用するもの。奈良時代に興る。漢字と仮名の書き分けはかなり自由であるが、用言語尾・助動詞・助詞など必ず仮名で書くところが社会習慣として確立し、語や文節の切れ目をはっきりさせている。仮名交じり文。』 (『大辞林』第三版)

しかし、今日的実態は、〈**漢字仮名ときにアルファベット交じり文**〉といっても過言ではない状況にあります。これを指して「日本語の危機的状況」というひともありますが、そもそも日本語の歴史を辿ると、和語（大和言葉）＋漢語（中国からの渡来語）＋外来語（欧米からの渡来語）と、外国から来た言葉をそのつどうまく取り込んで「新たな日本語」を形成してきました。

たとえば、明治期に西洋の文物が怒濤のように押し寄せて来たとき、日本にそれまでにはなかった新しい概念や思想を表す言葉に困った当時の知識人が、困惑の果てに翻訳・発明・造語した言葉の数々。そのなかには、今日の私たちが日常生活で普通に使用している多くの言葉があります。いずれもそれ以前にはなかった言葉ですから、私たちは明治の先人におおいに感謝しなければなりません。

- ▶ 「自由」「演説」「鉄道」……………………………… 福沢諭吉
- ▶ 「男性」「女性」「文化」「運命」…………………… 坪内逍遥
- ▶ 「主義」「社会」……………………………………… 福地桜痴
- ▶ 「心理学」「哲学」「文学」「権利」「義務」……… 西　周
- ▶ 「業績」……………………………………………… 森　鷗外

(井上ひさし『私家版　日本語文法』新潮文庫) より

このような歴史を持つ日本語ですから、次のようなアルファベット交じりの表記でも、これはこれである種の〈立派な日本語〉として、私たちは受け入れています。英語やフランス語の文章に、漢語や和語が混入している例があるでしょうか？　英文に

漢語的表現

ビジネス文書では、漢語的表現を意識する

和語	→	漢語
山	→	山岳
海	→	海洋
川	→	河川
道	→	道路
庭	→	庭園

口語	→	文語
考える	→	考察する
思う	→	思料する
謝る	→	謝罪する
納める	→	納品する
言い訳	→	弁解
誤り	→	誤謬（ごびゅう）

「SAMURAI」と書くことはあっても、「侍」の文字そのものが英文に混在することはありません。外国語と比較したとき、日本語の極めて特殊な特徴といえます。

- ▶新規 OPEN
- ▶ ECO 検定受験のおすすめ
- ▶ IT 推進部
- ▶ NEW 機種導入
- ▶企業倫理本部 CSR 部
- ▶ 401K 企業年金部

……「基本的には意味の中心を成す語根に当たる部分が漢字で、意味と意味の関係を表す部分がかなで表されるため、一瞬にして文章全体を目で捉えることが可能なのだ。」

……「結局のところ漢字とは、手でもコンピュータでも『書くのがたいへんな文字』ということになると思う。ではなぜ、そんな面倒なことをわざわざするかというと、『読むのが早い』からだ。」

……「漢字は表意文字であり、アルファベットやひらがな、カタカナ、ハングルのような表音文字に比べ、書くのは面倒であり、習得もむずかしいが、読み取りの早さにおいては極めて大きな優

位性を持っている。」

(米原万里『漢字かな混じり文は日本の宝』)

かつて国立国語研究所が調べた「作家が用いた漢字比率」によれば、武者小路実篤 24％、志賀直哉 12％、川端康成 26％、三島由紀夫 29％だったといいます。このことからも漢字が多ければよいわけでないことがよくわかります。

一般に、漢字比率が 50％を超えると読みにくくなり、30 ～ 40％以内に収めるとよいでしょう。

漢字仮名交じり文

『大辞林　第三版』三省堂
国語を書き表す最も普通の表記法で、漢字と平仮名(または片仮名)を混用するもの。奈良時代に興る。漢字と仮名の書き分けはかなり自由であるが、用言語尾・助動詞・助詞など必ず仮名で書くところが社会習慣として確立し、語や文節の切れ目をはっきりさせている。仮名交じり文。

> 今日的実態は、「漢字仮名ときにアルファベット交じり文」と
> いっても言いすぎではない。

漢字比率と読みやすさ

わたしは、よこがわぐるーぷのいちいんとして、ほうとせいぎとりんりにもとるこういをおこないません。	漢字比率 0％
私は、YOKOGAWA グループの一員として、法と正義と倫理に悖る行為を行いません。	漢字比率 32％
私は、横河電機株式会社関連会社の一員として、法・正義・倫理に悖る行為を行いません。	漢字比率 64％

・読みやすさの目安 =30 ～ 35％
　一般に 50％を超すと読みにくいとされる。
・漢字が多いと堅く、少ないと柔らかい、優しい印象を与える。

15 送り仮名に注意して書く

> ● 設問 (15)
>
> 送り仮名についてその知るところを述べてください。

```
▶行う      行なう
▶見積      見積り       見積もり
▶売上      売上げ       売り上げ
▶借入      借入れ       借り入れ      借りいれ
▶字引      字引き
```

　文章を作成しようとしたとき、上記例のように送り仮名に迷うことは多いと思います。送り仮名とは、漢字表記した和語を読みやすく、誤読することがないようにするために、漢字の下（右）につける仮名のことですが、同じ語句でも何とおりかあることが多く、いちいち迷っていると先へ進むことさえできない場合があります。

　送り仮名の原則と例外について公的に定めているのは、『送り仮名の付け方』と題した内閣告示第二号（昭和48年6月18日）で、昭和56年10月1日の内閣告示第三号で一部が改正され、今日に至っています。その前書きを抜粋してみましょう。

一　この「送り仮名の付け方」は、法令・公用文書・新聞・雑誌・放送など、一般の社会生活において、「常用漢字表」の音訓によつて現代の国語を書き表す場合の送り仮名の付け方のよりどころを示すものである。

二 この「送り仮名の付け方」は、科学・技術・芸術その他の各種専門分野や個々人の表記にまで及ぼそうとするものではない。

三 この「送り仮名の付け方」は、漢字を記号的に用いたり、表に記入したりする場合や、固有名詞を書き表す場合を対象としていない。

送り仮名の付け方

同一文書では統一する

行う ⇔ 行なう

基く ⇔ 基づく

張合う ⇔ 張り合う

売上 ⇔ 売上げ ⇔ 売り上げ

仕入 ⇔ 仕入れ

※いずれも間違いではない。**原則的には必要最小限で可**

参考：新聞用字用語辞典（日本新聞協会）・NHK新用字用語辞典（日本放送出版協会）

上記のように国の基本的スタンスは柔軟で、必ずこのように書けとはいっていません。

それだけに私たちは実際の場面でしばしば困惑するわけですが、内閣告示では原則と例外と許容という3種類に分類して整理しています。以下、その要点をご紹介します。

●原則

▶用言について

用言を漢字で書くときには送り仮名が必要。原則として活用語尾を送り仮名にするが、形容詞・形容動詞については次のとおり。

- 形容詞　　終止形が「しい」で終わる場合の送り仮名は「し」で始まる。例：楽しい　嬉しい
- 形容動詞　語幹が「か」「やか」「らか」で終わる場合の送り仮名は、それぞれ「か」「やか」「らか」で始まる。例：静かだ　華やかだ　清らかだ

▶**副詞・連体詞・接続詞について**

最後の音節を送り仮名にする。例：はなはだ　全く

▶**名詞について**

送り仮名はない。

▶**派生語について**

もとの語の送り仮名に準じる。例：動く　動かす　動き

●**例外**

- 明るい　　原則どおりなら「明い」であり、派生語の原則どおりなら「明かるい」。
- 少ない　　原則どおりなら「少い」であり、派生語の原則どおりなら「少くない」。
- 幸せ　　　原則は名詞に送り仮名はないが、幸いなどと区別するため。
- 又　　　　原則は副詞であるから「又た」。

●**許容**

- 封切　　封切り
- 申込み　　申し込み

これら誤読の恐れがない語の送り仮名は省いてもよい。

- 行なう　行う
- 行なって　行って……いってとも読める

これらは誤読を防ぐために送り仮名を多くすることもよい。

これは、読者各位のお嫌いな〈文法の世界〉になってしまいますから、これ以上の記述は避けようと思いますが、要は読みを区別し誤読を避けるために送り仮名はあります。その目的を踏まえたうえで最小限大切なことは、同一文書内では同一送り仮名で書く、ということです。「締切」と書いたり「締め切り」と書いたり、混在させてはいけません。そうした事例を私は無数に見てきましたので、強く申し上げたいと思います。

16　カタカナ用語は絞って書く

> ● 設問（16）
>
> カタカナ（外来語）の書き方で注意すべき点は何でしょうか？

『東京 2020 は、ダイナミックなイノベーションとグローバルなインスピレーションを共にもたらします。日本人のユニークな価値観とグローバルなトレンドを発する都市の興奮を、試合のパワーと一体化します』
（「2020 年東京オリンピック・パラリンピック招致委員会」英文サイトの和訳より）

　上記は「英文からの和訳」文ですから、やや割り引いて受け止める必要はありますが、この文章を読んで、これでも日本語といえるのかどうか？　はなはだ疑問ではあります。
　とはいえ、これはこれで英語でもなければフランス語でもありません。立派な（？）日本語ではありますが、もっと本質的な問いとして、この文章から東京に心惹かれるひとがどれほどいるでしょうか？

新規開店 ⇒ 新規オープン ⇒ 新規OPENあたりまでは許せるとして、上記例文のようなカタカナ用語（英語）のあまりの氾濫は、いくら融通性に優れた日本語といえども、日本語として読む限り不自然な感は否めません。カタカナを多用すればするほど現代的文章ができる、または若者世代に受けがいいと考えるとすれば、誠に浅はかというべきです。

躍動的な革新。地球規模の変化。世界観。独自性。感性・感覚・ひらめき……、わざわざカタカナ言葉を多用せずとも、日本語の語彙はたくさんあります。カタカナで書けばカッコイイ、洒落ている、英語を交ぜれば知的になる、みんな誤解です。

▶枠組み……スキーム　　　　　▶××担当……××マター
▶判断・意思決定……ディシジョン　▶手法……メソッド
▶知識・経験……リテラシー　　　▶要点……ポイント

たとえば、数年前には新聞記事や企業内外の文書でしばしば見かけた言葉に「ディスクロージャー」があります。カタカナで9文字。漢語的に表現すれば「情報開示」ですが、アメリカからその概念がやってきた当初は、なぜか「情報開示」とは誰も書かず、わざわざ多くの文字数とスペースを費やして「ディスクロージャー」と表記していました。あたかも我が社は先進的な企業ですといわんばかりでした。ところが時の経過とともに、次第に「情報開示」の出現頻度が「ディスクロージャー」よりも高くなったように思います。表意文字としての漢字の持つ力量に、カタカナ用語が降参したかのようです。

ただ、漢字・平仮名・カタカナ・欧文をどのような場合に、どのように使い分けるかは考えなければいけません。読み手が受ける印象に差異が生じることは決して否定できないからです。

17　数字を書く

> ● 設問（17）
>
> 数字を書くときの注意事項をあげてください。

　ビジネスでは数字の入った文書は珍しいことではありません。横書きが一般的になった近年では、縦書き文書と比較して数字を書く際の苦労は少なくなりました。縦書きの場合には、壱、弐、参、四、伍、六、七、八、九、拾と、旧字を用いる必要があります。いうまでもなく書かれた数字の改ざん防止が目的です。

　結婚披露宴に招待されたとき持参するご祝儀袋の裏面には、普通「金壱萬円也」「金参萬円也」などと書き、「一〇〇〇〇円」「三万円」とは書きません。縦書きの場合の数字の確実性担保には、どうしても旧字表記が必要だからです。

　香典袋も同じことですが、横書きであっても小切手や約束手形にはいまでも旧字が用いられていますし、金額の大きな領収証にも使用されることがあります。

　このような趣旨から、壱、弐、参、拾については、縦書きの契約書や裁判所の判決文、登記書類などで用いられる法令用語としても認知され、公的使用が認められています。たとえば、面積を表示するときには「参拾弐平方キロメートル」などと書きます。算用数字を見慣れているひとにはピンとこない書き方ですが、縦書きならではです。

　なお、数字を書く際には、次のような表記法もありますから知っておきましょう。数字が大きくなるときの煩わしさ解消のための略式表記法です。

- **1K ¥** ……… 1,000 円のこと
- **10K ¥** ……… 10,000 円のこと
- **1M ¥** ……… 1,000,000 円のこと
- **10M ¥** ……… 10,000,000 円のこと

18　オノマトペを効果的に使って書く

◉ 設問（18）

オノマトペとはどのようなものですか？

オノマトペとは、『擬音語』（音を表現）、『擬態語』（様子を表現）の総称としての擬声語のことで、語源はフランス語ですが、一般にも広く使われています。

言語学者によれば、世界の言語の中でも「日本語はオノマトペが豊富な言語」とされているそうですが、確かに日常会話の場面では多くのオノマトペが使用されています。

『擬音語・擬態語辞典』（浅野鶴子編・角川書店）では、「あーん」に始まり「ワンワン」で終わる約 1,500 語のオノマトペが収録されていますし、『日本語オノマトペ辞典』（小野正弘編・小学館）には実に 4,500 語が収集されています。

たとえば雨。ざあざあ雨・しとしと雨・しっとり雨・じゃんじゃん雨、ぽたぽた雨など、何通りものオノマトペを使った表現があり、私たちはその時々の雨を何通りにも受け止め、また書き表しています。

夏の太陽がさんさんと降り注ぐ浜辺で、BBQ の肉をがっつり

3.4 ひらがな・漢字・カタカナ＋数字等の使い分け

オノマトペ

オノマトペとは、「擬音語」「擬態語」その総称としての「擬声語」のことでフランス語である。

擬音語	擬態語	その両方
・ワンワン	・イライラ	・ぶくぶく
・コケコッコー	・わいわい	・ピリピリ
・げらげら	・びくびく	・からから
・どかーん	・しーん	・バリバリ
・ドキドキ	・メロメロ	・バシッと
	・のろのろ	

世界の言語の中でも、「日本語はオノマトペが豊富な言語」とされており、日常会話では多くのオノマトペが使用されている。ただし、学術論文でオノマトペがほとんど使用されないように、ビジネス文書でもその使用は控えよう。

食べながら、さくさく動くパソコンを相手にバリバリ仕事をしています。

- ▶**擬音語**……… ワンワン　コケコッコー　げらげら　どかーん　ドキドキ　など
- ▶**擬態語**……… イライラ　わいわい　びくびく　しーん　メロメロ　のろのろ　など
- ▶**その両方**…… ぶくぶく　ピリピリ　からから　バリバリ　バシッと　など

私生活では当たり前のように無意識に使用しているオノマトペですが、ビジネスシーンでの多用は危険です。「論理的に書く」べきビジネス文書とは相容れない主観的・情緒的なものだからです。

他方、最近では「ごきぶりホイホイ」「ぷっちんプリン」「冷えピタシート」といった商品名にオノマトペが使用されたり、「ほっ

かほっか亭」とか「ピタットハウス」など、企業名にまで及んでいます。

　これらのオノマトペは、当然ながら十分に検討され計算されたうえで採用されていると思いますし、結果として、いまやオノマトペなしでは暮らしていけない、というほどです。

　ただし、**学術論文・研究論文または技術文書でオノマトペがほとんど使用されないように、ビジネス文書では安易な使用を控えるべきでしょう。**

　つい最近の経験ですが、それほど親しいとは言い難い仕事上の知人から、私は次のようなメールを受け取り、はなはだ驚きました。

　いわく「本件については、今後とも遠慮なくバシッとご指摘いただければ幸いです」。

> 「オノマトペの表現は、物の状態を純粋に客観的に見て、自分自身と切り離して対象化して扱うものではなく、どこかで自分自身の情意や感覚と対象とを融合させ重ね合わせ、未分化のままで言語化してゆく表現法だということである。これまた抽象名詞が少ないという日本語の性格と表裏一体をなす事実といえる。」
>
> 　　　　　　　（大野　晋『日本語の文法を考える』岩波新書）

　ビジネスシーンにおける文章は「物の状態を純粋に客観的に見て、自分自身と切り離して対象化して扱うもの」ですから、安易な使用を避けなければいけません。ただ、闇雲にアタマからダメということではありません。

　オノマトペは文章表現を豊かにする効果があり、使い方によっては、書き手の気持ちをより一層読み手に強く印象づけることができます。また、文章全体の躍動感やリズム感を生みます。

　先にあげた副詞、「きちんと実行します」とか「しっかりやり

ます」と書いても、論理的な意味はまったくありませんが、同様にオノマトペによって書き手の気持ちは伝わります。したがって、強調したい場所で、意図して使えば効果的です。

19　手書きで書く

◉ 設問（19）

手書き、パソコン、どちらが公式な文書と考えるのが正しいのでしょうか？

　ビジネスシーンでは、メモや個人使用のノートを除けば、手書き文書はほとんど皆無といって差し支えないでしょう。ワープロ・パソコン・メールの普及によることはいうまでもありません。私生活においても、年賀状や引っ越しの挨拶状など、差し出し枚数の多い文書はパソコンからのプリントアウトが主流です。

　年賀状の場合、必ず手書きで一言添えて出す、というひとが意外に多いのは、印刷物の味気なさ回避が目的であり、少しでも親近感や親密さを発揮したいという欲求の表れと理解することができます。

　同じ意味から、会社でもあえて手書きを採用するケースがないわけではなく、たとえば、書き手の署名のみ手書きにする（欧米流でいうならサイン）こともあります。会社には社印があり、正式文書であることの証明は社印が担うわけですが、直筆サインが社印に替わって担うと考えることもできます。何より、サインなら親近感が演出できます。

　そういえば、かつては「ワープロで失礼ながら……」などと書

き、手書きこそあるべき姿だと認識していた多くの人々が、今日では逆に、「手書きで誠に失礼ですが……」などと書くようになりました。

手紙の文末で使われる慣用句として出現頻度の高い「乱文乱筆にて失礼いたしました」などという言い訳フレーズも、パソコンなら「乱筆」はあり得ませんから、いずれ死語になっていくかもしれません。

また、年配の営業マンのなかには、出張先で絵葉書を購入して、手書きでお客さんにお礼状などを認（したた）めることがあるそうです。 **こうしたスローライクな方法は、通常の事務的やりとりとは別の〈特別感〉があり、海外出張ならなお効果的かもしれません。** ときには手書きのビジネス文書もあり得るという話です。

20 句読点なしで書く

◉ 設問（20）

句読点の打ち方について配慮すべき点にはどのようなことがありますか？

大昔の話で恐縮ですが、和紙に巻き紙、毛筆で手紙を認めていた時代には、今日のような句読点は一切なしで書いていました。それが普通でした。その証拠に、博物館や歴史資料館などを訪ねて、古文書や今に残る戦国武将の手紙などを見れば、句読点がありません。

現代に生きる私たちは、〈文章に句読点はセットの概念〉として理解しており、小学校の国語の時間以来そのように教えられて

きました。テンやマルのない文章など考えられません。戦後世代以降の私たちは、日本語はずっと長い間そのような言語であると思い込んできました。

ところが、井上ひさし著『私家版　日本語文法』（新潮文庫）によると、新聞が全面的に句読点を採用したのは、ごく近年のことであり、『朝日新聞』は昭和25年7月から、『毎日新聞』は昭和26年1月から、『読売新聞』は昭和28年1月からだということです。たかだか六十数年前のことで、それ以前の新聞は句読点なしでつくられていました。

そういえば、会社が年にいちど、新役員就任の挨拶状を恭しく印刷発送するとき、新年の賀詞挨拶状を格調高く作成するときなど、句読点なしの文書をいまでも採用することがあります。私生活の場面でも、結婚式の招待状や葬儀の告知などでそうした事例に出会うことがあります。古来の伝統的習慣に倣った手法といえるでしょう。

句読点なしで書く際の注意点としては、テンもマルも使わないわけですから、誤読を避けるためにはテンやマルの代わりを務める「何か」が必要になります。具体的にはスペース、つまり一文字分の空白が句読点の代用です。

もちろん、日常的なビジネスシーンでは句読点なしは採用されません。誤解なきようご注意いただきたいのですが、格式張った上記事例のようなケースではあり得る、ということのみ知識として含んでおいてください。

- **句点**　マル
- **読点**　テン

句読点の役割については、53ページにも「たかが句読点されど句読点」ということを少しご紹介しましたが、位置を間違うと文の意味さえすっかり違ってしまいますから、極めて重要です。

句点（マル）を書かないひとはあまりいませんが、読点（テン）を省略したり軽視するひとは意外に多いようです。

- ここでは、きものをぬいでおはいりください
- ここで、はきものをぬいでおはいりください
- ここではきものをぬいでおはいりください

　よく引き合いに出される例文ですが、テンの位置だけで意味合いが違ってしまうことがよくわかります。

　なお、研修講座などでときどき受ける質問ですが、「文字数の指定は句読点を含みますか」と聞かれることがあります。契約書の欄外に「一字削除、五字挿入」などと記されているものを見たことのあるひとはおわかりだろうと思いますが、テンもマルも、句読点はすべて一文字としてカウントします。決してオロソカにしてはなりません。

3.5 納期・段取り・速効性・ルールを守って

21 納期に間に合うように書く

> ● 設問（21）
>
> 期限内に作成するための要領はどのようなことですか？

よく「会議を開催するときは開始時刻だけでなく、終了時刻を明記すべし」とか、「仕事に取り組む前に、まずどれくらいの時間を要するか見積もるべし」などといわれます。いずれも「時間管理」の大切さを指摘しています。

では、「なぜ、時間管理が大切なのか」と問えば、普通は「業務の効率化のため」とか、「仕事はスピードが大事だから」とか、「時間はコストであり原価意識を持つべきだから」という答えが返ってきます。確かにそのとおりでしょう。

しかし、もう一歩進めて考えてみると、そればかりではないことに気がつきます。それは、**「仕事の先を見通す力を身につける訓練」になる**、という点です。

- （ひとりで最後までできるだろうか？）
- （××課の△△さんに、ここは相談するべきだろう）
- （他の仕事の進捗との兼ね合いは大丈夫か）
- （このまま進捗すれば、およそ××までには終わるな）
- （ここまで終わったら、途中経過の報告をしておいたほうがいいだろう）

……という具合に、「時間管理」を行うことによって、その仕事の進行経過について、常に「先を見通す」クセがつくことになります。これが実は大事なのです。会議の主催者になったときにも同じことがいえます。

○ （この件はあと15分程度でまとめないと時間が押してくるな）
○ （このまま議事が進めば定刻前には終わるから、あの話を最後にしてみよう）
○ （いまのうちに次のテーマ関連の資料を配布しておこう）
○ （休憩はここで取らないとマズイな）

……という具合に、「時間管理」を行うことによって、その会議の議事進行について、常に「先を見通す」クセがつくことになります。これも大変大事なことです。

私たちの日々は「時間との闘い」であるといっても過言ではありません。昔から、「大事なことは忙しい人に頼め」といいますが、忙しい人ほど時間管理が上手であることは、私の経験からいっても間違いがありません。逆にいえば、時間がいくらでもある人が上手な時間管理を実行できるわけではない、ということでしょう。

つまり「時間管理」とは、ビジネス上の想像力・計画力やコミュニケーション能力、あるいは計算力という話でもあります。文書作成時にあっても同じです。

22　段取り八分で書く

> ● 設問（22）
>
> ビジネス文書作成の「前にやるべきこと」はどのようなことですか？

　誰がいったのかわかりませんが、昔からよく〈**仕事は段取り八分**〉といいます。

　段取りさえしっかりしておけば、仕事も 80％は終わったようなものだ、という教訓です。7 割か 8 割かはさておき、段取りの重要性については、少しでも仕事をした経験があれば理解できるところです。

　たとえば料理です。材料を揃え、道具や調味料を用意するだけでなく、食卓の準備から皿や器などの食器類を然るべく出しておき、さらには着手する料理の順序に無駄がないように考えて取り組むことで、効率も所要時間も大きく異なります。段取りの善し悪しは、慣れない新米主婦とプロの料理人の差ともいえるでしょう。

　では、どうすれば段取り上手になれるでしょうか。

　正解は「結果から逆算する」ことです。結果を想定する、または目的を明快にする、といってもよいかもしれません。私は調理人ではありませんから確かなことは申し上げられませんが、これを料理の例でいえば、食材や調味料を用意すると同時に、最終的にでき上がった料理を盛りつける器も一緒にあらかじめ準備しておくということです。

　つまりでき上がりの分量や彩り、器に盛りつけたときの見た目の美しさまでを、調理に取りかかる前にあらかじめ想定してか

ら、実際の調理をスタートさせるということです。

最初に結果をイメージしていれば、そこに向うプロセスにも、必要以上の無理や無駄を出さないで目的地に辿りつける、ということを意味しています。

このことは、**別の言い方でいうと、「周到に準備する」ということでもあり、「作戦を練る」ということでもあります**。具体的には、準備にかける時間を多くし、プロセスについてよくイメージ・トレーニングを積んでおき、スタートしたら一気にゴールに向かって突っ走る、という仕事のやり方を習得することです。これが着実な仕事の進め方です。文書作成においても同じことがいえます。

ところで、段取り重視の取り組みと正反対の仕事のやり方があります。それは、**「とにかくまずやってみる」という方法です**。未知の分野にチャレンジするときや、若いときには、むしろこの方法が向いているかもしれません。

その意味では、段取り上手は年寄り的仕事の取り組み方といえばやや言いすぎですが、ベテラン向きというべきかもしれません。私などは、正直なところ50歳を越えるころからは「とにかく書いてみる」方式になってきました。

23 すぐ書く、早く書く

◉ 設問（23）

議事録作成の際の留意点について説明してください。

たとえば、部内ミーティングの書記を担当するとします。

3.5 納期・段取り・速効性・ルールを守って

　会議では出席者の発言をメモし、重要な決定事項があれば洩れなくノートに記録し、終了後には「議事録」としてまとめ、出席者全員に配布することが任務です。
「議事録が書けるようになれば一人前」といいますが、多くの場合、実態は入社早々の新入社員の仕事であることがしばしばで、かつて戸惑った経験のある読者もたくさんいらっしゃることでしょう。
　言葉がわからない、意味がわからない、充てる字がわからない、早くて聞き取れない、そもそも発言の内容がサッパリ理解できない……。
　昔、日本帝国陸軍に「拙速」（せっそく）という用語があったそうです。辞書によれば「仕上がりはへたでも、やり方が速いこと。［兵は……を尊ぶ］」とあります。
　軍隊は戦争するための組織ですから、攻められればとにかく即対応を求められます。鉄砲を整備し、弾丸を用意し、軍服を整え上官の命令を待って……などという暇もないまま応戦しなければいけないのですから、とにかく早くという考え方はなるほどと思わされます。
　反対語は「巧遅（こうち）」。巧みではあるが、仕上げの遅いことです。
「巧遅は拙速に如かず」。中国春秋時代の「孫子」にある言葉ですが、上手に仕上げるために遅れるよりは、まずくても早くできるほうがよい、という意味です。
　私は若いころ、この言葉をかつて陸軍少尉だった亡父に教えられました。いわく、「仕事も同じだ。スピード第一。やってみてまずいところがあれば後で修正すればいい。ゴチャゴチャいわずにまずはアクション優先でいけ」。
　仕事はスピードか品質か、すべての仕事にどちらか一方を当てはめることには無理があるとしても、「議事録」作成こそ拙速思

想でまずは取り組むべきです。会議が終わればすぐに作成に取りかかることです。

> 「なお、知能・学力検査とも、全般を通じて『スピード』が重視されるが、この点に対し疑問を向ける人がある。しかし、適応にさいしある程度の速さということは本質的な属性であり、いかに『ジックリ』考えても、それによって到達しうる最終水準あるいは質が、そそっかしい俗人の到達し得ない高さにまで引き上げられるのでないかぎり、『速さ』対『高さ』を対置することは根本的にまちがっており、遅さそのものは一つの欠陥とみなければならない」
>
> （吉田正昭『産業心理学』培風館）

明日、落ち着いてゆっくりやろう、今日はくたびれたから明日にしようはいけません。ちゃんとノートは取ってあるし、テープレコーダに記録してあるから心配ないさと、タカをくくっていると失敗します。

会議の余韻さめやらぬうちに、**まずはポイントだけでも書いてしまうことです**。文書の体裁や些末なことはさておき、**重要事項だけでも洩れなく押さえるためには、すぐ書く、早く書くこと**をおすすめします。未完成で稚拙であっても、原稿なのですから構いません。いったん書いてしまえば、その後の読み直し、追記、推敲が格段に楽になるからです。私の長い間の「議事録」作成体験から学んだ教訓です。

なお、テープレコーダに頼ると痛い目に合うことがありますからお気をつけください。会議といえども口語には無駄が多く、「あのー」とか「えーっと、ですね」などという特に意味を持たない言葉ばかりを聴いていると、録音・再生のための時間だけがかかり、内心イライラが募ります。むしろ会議中の神経の張りつめ方、

3.5 納期・段取り・速効性・ルールを守って

緊張感、その場のメモ取りこそ大切です。
書記としての「聴く力」＝受信力を高めることです。

24 読み手の身になって書く

> ● 設問（24）
>
> 取扱説明書を書く際に気をつけなければいけないポイントは？

書くことは孤独な作業です。

孤独ですから、どうしても主観的になりがちです。ひとりよがりは避けなければなりません。書くということは、誰かに何かを伝えたいということですから、こう書けばどう読まれるか、自分の意見や主張がどのように読み手に伝わり、意思疎通が果たせるかを想像しつつ書くことが大事です。

典型的なものとしてはラブレターがわかりやすいでしょう。恋人を想い、こちらの気持ちをなんとかして汲んでもらいたくて懸命に書くラブレター……。

会社においても、取締役会に提出する資料なら取締役の身になって、営業部門あての文書であれば営業マンのセンスや気分にとって理解しやすいように、また、全社員向けなら平均的社員の理解度や知識の蓄積やレベルに応じて書くことが求められます。

理知的で地味な社風の企業あてDM（ダイレクト・メール）に、けばけばしい派手な宣伝文句のカタログは受け入れられ難いでしょう。逆効果かもしれません。エンジニアに向けた仕様書と、事務部門対象の操作説明書は内容も書き方も異なるはずです。子供にもわかるように、老人が受け入れられやすいように、読み手

の立場に立って書くことが大切です。読み手がいつも一律ではないのですから、書き手もまた決して一律であってはなりません。

　かつて英文学者の中野好夫は、学生に翻訳の指導をするとき、「あんたのおばあさんが聞いてもわかるようにちゃんと訳してくれ」といっていたそうです。「こたつに入って、おばあさんに話して聞かせて、それでわかってもらえる文章がいい文章だ」といったのは新内節の師匠、岡本文弥です。なぜかどちらもおばあさんを引き合いに出していますが、難しい用語や聞きなれない専門用語を使うことが正しいわけではないという話です。

　よく指摘されるのは、電機製品や自動車などの「取扱説明書」のわかりにくさです。専門用語や難しい言葉をたくさん使って、懇切丁寧にぶ厚いマニュアルが作られていますが、初めてその製品を手に取るユーザーにはサッパリわからないことがしばしばあります。多くの「取扱説明書」が製品開発者や製造担当者サイドの事情・都合によって作られ、初めてその製品を扱う読み手のことを意識して作られていないからです。

> 「この説明書には『あなたは』という主語がない。『自分たちはこれこれのことをした』と書いてあるが、『あなたがこれを使うとこれこれの利点がありますよ』という書き方をしていない。」
>
> （辰濃和男『文章の書き方』岩波新書）

　引用した文章は、朝日新聞社の元記者で、10年以上にわたって『天声人語』の執筆者だった辰濃和男によるものです。彼は、「**文章は平明さこそ重要だ**」とも書いています。不特定多数の新聞読者を念頭に置いたひとの言葉として重みがあります。

25　メールはルールに則って書く

> ● 設問（25）
>
> メール受発信の際の留意点にはどのようなことがありますか？

　近年急速に普及したEメールですから、明らかに定まったルールが少なく、ビジネスの現場で戸惑うことも多いのが現状です。そこで、私の体験からいくつかの注意点を述べることにします。

●的確な件名（内容を明確に示すタイトル）

　PART2でも書きましたが、メールこそ件名＝タイトルに配慮が必要です。郵便物や宅配便なら、書留、速達、内容証明、配達証明、クール便、受取人払いなどの種別があり、受取人は初めから種別を把握できます。一般的な封書でも、ダイレクトメールは外観からすぐわかりますし、美しい和紙の封筒に万年筆で書かれた宛名を見れば、大事な手紙であると知って封を切ることが可能です。いわば事前の心構えとともに開封することができます。

　しかしEメールにはこうした種別区分は一切ありません。至急だろうと重要だろうと扱いは同じです。そのような条件下で受け手が第一に頼れる情報は件名です。したがって、的確なタイトルこそ重要ということができます。

　なお、返信メールに自動的に表示される「Re:」タイトルですが、いちどはよいとして、2度目からは考えものです。メールの中身がどんどん変化し、進展しているのにもかかわらず、いつまでも「Re:」表示が繰り返され、最初のタイトルだけが残る不自然さに注意を傾けてください。

● 【至急】【親展】【重要】【人事秘】【社外秘】などの表記

　件名のアタマには上記のような種別区分表記があるとなおGOODです。読み手は心の準備とともにメールBOXを開くことができます。読み手のことを配慮する書き方とはそのようなことです。

● ToとCCは区別する

　メールの絶大な機能は、同時に多数の相手に送信可能なことです。コピーする手間も不要、封筒に入れて切手を貼る必要もありません。PRメールが多いのはそのためですが、逆に不自由な面もあります。誰に送ったのか、返信を求められるのは誰かがわかりにくいことです。そこで、**To＝本来の送信先**と、**CC（カーボンコピー）＝写しの送り先**を最初に明記する必要が生じます。たとえば、「To＝管理職各位」で、「CC＝人事部メンバー各位」と書けば、人事部メンバーは管理職宛てにこのメールが発信されたことを承知しておけばよい、と解釈できます。また、そのように使い分けしなければなりません。

　さらにBCC（ブラインドカーボンコピー）＝誰に送付したメールか、宛先を明かせない、または明かしたくないときに使います。不特定多数と考えることもできます。

● 初めに宛名を書き、次に自分を名乗る

　宛先を明記した後に必要なことは自分を名乗ることです。郵便物なら表面か裏面に発信者の住所・会社名・氏名が書かれていますから一目瞭然ですが、Eメールは郵便物のように発信者が明らかではないことを承知すべきです。具体的な書き方はいくつかありますから、文例集などが参考になるでしょう。

● 短文（簡潔かつ明瞭に）

　短文で書くことはビジネス文書一般の心得と同じですが、メー

ルは特に簡潔かつ明瞭に、短文で書くようにしましょう。プリントアウトしたときA4用紙1枚以内に収まる分量が目安です。複数ページにわたるようなら長すぎます。

●必ず読み直す（便利だからこそ慎重に）

ご承知のようにメールはボタンひとつで即座に相手方へ送信されます。速くて便利な力強い道具です。

逆に、いちど送信されれば取り消しができません。誤字・脱字はもちろんですが、本文にファイルを添付しようとしていて送信ボタンを押してしまう、もうひとり送信先に追加しようと思っていたのに、その前に送信ボタンを押してしまったといったミスは日常茶飯事です。便利がゆえのミスですが、読み直す癖さえつけておけば防止できます。

●文末には必ず「以上」

自動的な署名欄を設定していれば、どこで終わりか明確ですが、電子媒体は紙媒体と異なり、終わりが不明確な場合が多くあります。したがって文末の「以上」は必須入力語句です。

●絵文字やカラーの多用は控える（ビジネス仕様）

カラーの多用は差し控えましょう。ごく重要な部分にアンダーラインを引く、赤文字表記するといった工夫は必要ですが、カラーが多すぎれば逆効果です。文章全体の品位が落ちます。

絵文字使用は論外です。絵文字は親しい間柄の、プライベートな世界限定とお考えください。ビジネスシーンに〈古代文明〉を持ち込むべきではありません。

●用済みメールは定期的にBOXから削除する

最後に付記しておきたいのは、定期的なBOX（受信・送信）

からの不要メール削除です。担う仕事の種類や立場によって基準は異なりますから一概にいえませんが、私の場合は、送信メールは過去１年分（月単位）を保存し、毎月初めに前年前月分の送信記録を削除しています。

受信メールは用済み後につど廃棄しています。放置するとサーバーが重くなるというのが直接的な理由ですが、ユーザーとしても実務上の整理がつかないのは非効率です。いわば「断捨離」です。

26 「は」と「が」、「へ」と「に」に留意して書く

◉ 設問（26）

「……は、」「……が、」について文法的相違を説明してください。

○私は本書の著者です。
○私が本書の著者です。
この相違はどこにあるのでしょうか。何が違うのでしょうか。似た表現ながら、なんとなく違いは感じられ、しかし的確な説明はできないのが「は」と「が」です。

実は「は」と「が」は文法的にどのように違うのか、国語学者にも諸説あって、専門家の長年のテーマだといいます。素人の私には上手に解説できる自信がありませんが、ご参考までに代表的な考え方として、国語学者の芳賀綏（やすし）の解説をご紹介しておきます。

　　「（前略）『……が』はどこまでも、現実世界における動作や状態の主体を示すもの。

花が咲く。　　馬が走る。
　　靴が鳴る。　　空が青い。……
　一方、『……は』は、主体だろうと客体だろうと、時・場所・手段・所属……何だろうとかまわない、こいつが問題だ、と頭にうかんだらトタンにそれをとりたてて見せるもの。
　　今晩は寒い。　　ドブロクは飲まない。
　　空は青い。……
　両者は次元がちがうのです。『が』『は』二つの助詞でこのちがいをちゃんと言い分けているのが日本語です。——ところが、ヨーロッパ語には言い分ける手段がない。『空が青い』も『空は青い』も、
　The sky is blue.
　だ。どっちもこうしか言えないのです。これはお気の毒さまでした。しかるに、気の毒がるべきところを気の毒がらず、向うの習慣に義理立てして、『……は』『……が』をあわせて"主語"と称したがるのは、日本語自身に不忠実です。この間違いは打破しなければなりません。
　『……は』は題目語（中略）『……が』は単純な連用修飾語と、明瞭に区別しておくべきです。」

　　　　　　　　　（芳賀　綏『日本文法教室』東京堂出版）

　もうひとつ、フランス文学者で言語学者の野内良三の解説をご紹介します。

　「大切な使い分けの原則は『選択的主題化』か『排他的主題化』かである。
　（1）ハはいくつかの対象物のなかから一つを取り立てて他と区別（対比）する（『ほかのもの』を意識している）
　（2）ガはいくつかの対象物のなかから一つだけを取り出し

て他を排除（無視）する（『ほかのもの』は念頭にない）
　　（中略）
　もっと実際的に、情報の軽重という視点からまとめれば、ハとガの違いは次のようになる。
　（1）ハはその後に『知りたい』重要な情報が来る（犯人は誰ですか）
　（2）ガはその前に『知りたい』重要な情報がある（誰が犯人ですか）
　言い換えれば、ハとガの使い分けは文法的な問題ではなくて、使う人の視点（スタンス）の問題ということだ。」
　　　　　　　　　　　（野内良三『日本語作文術』中公新書）

最後にご紹介するのは国語学者の泰斗・大野晋の解説です。

「話題を提起する場合に、最初に話題を示すときには『が』を用い、その後は『は』を用いるということから、『が』は未知の新しい情報を示し、『は』は既知の古い情報を示す。
　私が大野です
　これは、『大野さんはどちらですか』というような問いに対する答えとして使われる。つまり文脈において、『大野』なる人物はすでに登場していて既知である。ところが、それが実際にどの人物の名なのか、その帰属する先が未知である。その未知の対象を『私』と表現して、それをガで承けた。それゆえこの形は、
　大野は私です
　に置きかえてもほぼ同じ意味を表わすといえる。
（中略）
　花は咲いている
　といえば、『花は（ドウシテイルカトイエバ）咲いている』

と題目に説明を加える文である。ところが、
　花が咲いている
　とは、現実に花を発見して、あるいは驚き、あるいは喜び、それを目前の事実として描写したものである。ここでは『花』は、話題として提示され、一度そこで切れ、下の説明を待つものではない。『花が咲いていること』全体が一瞬にして認識されたのであり、それを分析的に表現しているものである。それゆえ、この文における『花』は、未知扱いをされている。」

（大野　晋『日本語の文法を考える』岩波新書）

　どれもある部分でなるほどと思わせる説明ですが、文法的解釈はさておき、ここでは「似てはいてもニュアンスが異なる助詞の使い分けに留意しよう」とだけ申し上げておくこととします。
　ちなみに大野晋は、同書の中で「東京へ行ってしまった」というのと、「東京に行ってしまった」とでは、今日ではほとんど同じ使われ方をするけれども、奈良時代まで遡って調べてみると、本来、「へ」は現在地から遠くへの移動を表し、「に」は静止する一点を指示するのが基本だった、と書いています。つまり、「東京の方へ向かって行った」「東京辺りへ行った」と、「東京という場所に行った」という違いです。
　なお、ものの本によると、室町時代あたりには「京へ筑紫に坂東さ」という諺があったといいます。「京都へ行く」「九州に行く」「関東さ行く」というように、地域によって「へ」「に」はおろか、「さ」もあって、500年前の人々も似たようなことで悩んでいた様子がわかります。そういえば「オラ東京さ行くだ」という歌もありましたっけ。
　繰り返しますが、私は文法的知識を云々したいのではありません。「は」と「が」にせよ「へ」と「に」にせよ、このようなニュ

助詞の用法

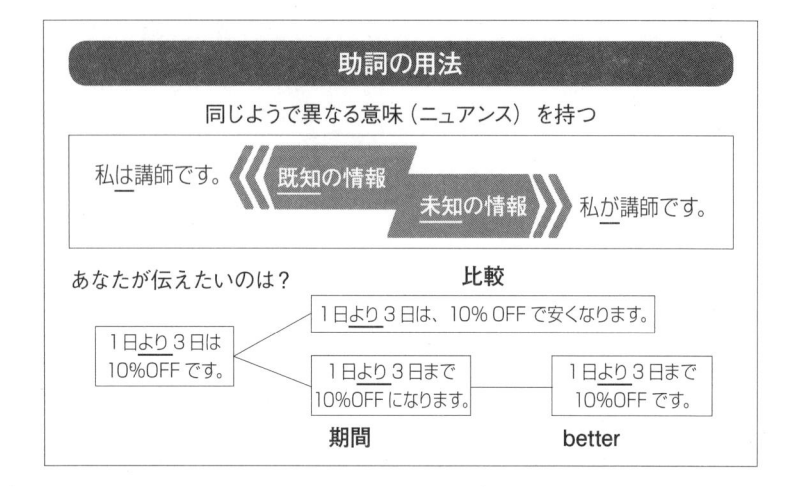

同じようで異なる意味（ニュアンス）を持つ

私<u>は</u>講師です。　　既知の情報　　未知の情報　　私<u>が</u>講師です。

あなたが伝えたいのは？　　　　　　　　比較

- 1日<u>より</u>3日は、10% OFF で安くなります。
- 1日より3日は 10%OFF です。
- 1日<u>より</u>3日<u>まで</u> 10%OFF になります。
- 1日より3日まで 10%OFF です。

期間　　　　　　　　better

アンスの相違を、理屈はともかく感覚としてわからないと、実はいくら読んでも日本語が理解できないということになり、したがって書けないことになる、ということを申し上げたいのみです。

ところで、ニュアンスの相違についてですが、「語感」という言葉があります。「昨日」「先般」「過日」「去る日」「先日」「この間」「この前」……、意味するところはあまり変わりません。この相違は感覚的なものですが、どの感覚が書き手としてのあなたの気持ちに会うか、そのつど考えて適切な言葉を選択する必要があります。それが「語感」です。

27　文字面（もじづら）に気配りして書く

● 設問（27）

「文字面」に配慮するとはどのようなことですか？

3.5 納期・段取り・速効性・ルールを守って

　下記は左右対称にリスト化した例示です。たとえば道路交通法という法律を根拠として作成される車検証には「貨物兼用乗用車」と書かれているとして、社内用語として使用するときには、一般に「ライトバン」と書くことが多いように、日本語には多数の同意語があり、実際にケースバイケースでさまざまな表記により話したり書いたりしています。

　特に文書化する場合、TPO に応じた表記のセンスが必要です。153 ページでもご紹介したとおり、漢字表記ばかりが望ましいとは限りません。また、カタカナ用語の多用が現代風ということでもありません。大切なことは文字面（もじづら）を意識して効果的に使い分けることです。

○ソフトな紙面／ハードな紙面
○親しみのある紙面／格調高い紙面
○情緒的な紙面／論理的な紙面

　これらの差異はレイアウトの差異でもありますが、採用する文字の差異からも生まれます。単純にいえば、漢字で書けば重々しく、堅く、カタカナなら軽く、ソフトな印象になります。例示のとおりです。

▶**書体**……手書き文は別にして、ワープロ・パソコン・印刷物などの場合、文字の基本的な書体は、一般に「明朝体」（みんちょうたい）と呼ばれるものです。特に長文になるほど目に優しく、読みやすさを優先した書体といってよいでしょう。ほとんどの書籍・雑誌が明朝体を採用しているのはそのためです。
　ゴチック体は、見出しや強調したい部分に使われることの多い書体です。パソコンで EXCEL 文書を使用する際には、全文をゴ

表記による印象の差異 (文字面)

貨物兼用乗用車	ライトバン	
事務机	デスク	
標題	タイトル	
遵法	コンプライアンス	
関連会社	グループ会社	Gr. 会社
新装開店	新装オープン	新装 OPEN
横河	YOKOGAWA	
御昼御飯	お昼ご飯	ランチ
御賢察	ご賢察	
御一行様	ご一行さま	
御着物	お着物	
御免	ごめん	ゴメン

チック体で書くことも多いと思いますが、長いものになると目が疲れる書体ですから注意しましょう。

▶**文字サイズ**……紙面のサイズと関係がありますから一概にはいえませんが、ビジネスシーンでは常識的な文字サイズを踏襲すれば問題はありません。過大・過小は避けるべきです。大きければ読みやすいとは限りませんが、最近ではシニアを対象にした大きな文字サイズの書籍が多数出版されています。読み手に配慮した結果として生まれた的確な方法論といえます。

本文の文字サイズと小見出し・大見出しの文字サイズの関係にも配慮しましょう。以前は編集者やレイアウターの領域だった世界ですが、ワードやパワーポイントを使って自分で印刷原稿を作成する今日、誰もが身につけなければならない分野になっています。

▶**紙面レイアウト**……日本語では「体裁」（ていさい）です。紙面いっぱいに、隙間なくビッシリ文字が埋まっている文書は誠に読みにくいものです。書かれた中身を理解しようとする読み手の意欲を阻害します。小見出し・中見出しを付す、段落ごとに1行スペースを空ける、長いものなら章や節など区分ごとに改ページするなどの配慮が効果的です。

　雑誌や広告宣伝パンフレットなどではプロのレイアウターやデザイナーが活躍していますが、私たちでもできることはあります。要は見やすさです。

▶**カラー**……カラーの使い方は素人には難しいものがあります。本文は黒字で、ときどき赤字が入るとか、小見出しだけ青字を使うという程度ならともかく、レイアウターやデザイナーのような専門家がいれば、色遣いはプロに任せたほうが無難です。

　赤色や青色の文字をたくさん使ったメールがときどきありますが、ご本人の意図（ここは強調したい）と異なり、あまりのカラー多用はかえって読みにくいものです。

3.6 レトリック・推敲・文章校正等のチェック

28 粘って書く

> ◉ 設問（28）
>
> 難しい文書を作成しなければならないとき、どのような心構えが必要でしょうか？

　いつも古い話で誠に恐縮ですが、昔の人から聞いた話です。人生に成功を求めるのであれば、大切なことはこの3つである、という先人の教えです。具体的には、大正時代から昭和初期に生きた人たちの間で語られていた処世訓です。

- ▶ "**運**"……幸運の運のこと。ラッキー・チャンス。
- ▶ "**鈍**"……鈍重の鈍のこと。愚直であること。
- ▶ "**根**"……根気の根のこと。粘り強く最後まで熱意を持ち続けること。

　私がこの話を聞いたのは、確か中学2年生の夏休みでした。教えてくれたのは祖父です。年齢でいえば13歳か14歳でしたから、その意味するところがハッキリと理解できたわけではありません。ただ、高校受験を控えたときですから、先人の教えにまったく反応しなかったというわけでもなく、特に「根」が私には欠けているという認識が当時はありました。また、「うん・どん・こん」という言葉の響き、語呂が面白かったために、ある種の印象に残ったことも事実です。

3.6 レトリック・推敲・文章校正等のチェック

　そのときにも少し感じたのですが、「運」と「根」はまあよいとして、「鈍」はないだろう、どうして"鈍重"なのだろう、という思いは、長い間の疑問でした。「鈍」ではなく「鋭」とか「勘」とか「速」とかいうならわかるのですが……。

　ところが、もはや「死語」になったと思っていたこの言葉は、今日でもしっかり生き残っており、鹿児島産の焼酎の銘柄にもなっていることを知りました。また、ある会計事務所の広報誌のタイトルに使われていたり、中小企業向け経営コンサルタントの指導コンセプトとして活用されていたりもしています。なぜでしょう。

　以下は私流解釈ですが、人生は決して短くはない、したがって、一時の判断や熱意や意欲も、人生という長期的視点に立てばあまり信用できない、むしろ他人から鈍いとか遅いとかいわれるくらいでちょうどよい、信じるところがあれば愚直なほど真面目に、真っ直ぐに、しかも継続的にじっくり前に進め、ということではないでしょうか。

　あらゆる事象が常に変化し、急激に変化するスピード重視のビジネス社会においては、いわば時代遅れのような処世訓ですが、であればこそ、あるいは一部で見直されつつあるのかもしれません。

　本書でこの話をご紹介するのは、「いまどき文章なんかチンタラ書くなんて、いくらパソコンだからといってもサ、やってらんないぜ」という若いひとたちの声をときに耳にすることがあるからです。

「書く」ことも「読む」ことも、辞書を片手に調べたり確かめたり、実に根気の必要な作業ですからわからぬでもないのですが、ときには大先輩たちの言に耳を傾けることも必要です。

「書く」ことには試行錯誤がつきものですから、**粘って粘って、しつこく書くことが大切である**と申し上げる次第です。

29　レトリックを駆使して書く

> ◉ 設問（29）
>
> レトリックとは何ですか？

　レトリックとは、ギリシャ・ローマ時代から連綿と続く修辞学または修辞技法のことです。日本語教育で取り上げられることはほとんどないと思いますが、フランスなどではハイスクールの必修科目だといいます。雄弁術・弁論術・説得術と訳されることもあります。

　演説やスピーチだけでなく、文章を含めた〈効果的な言語表現のテクニック〉を指していると理解したうえで、その効果を自覚して使えば有益な場合があります。

　ただ、レトリックは技法ですから、「それは単にレトリックに過ぎない」などと、否定的な意味で使われることも多く、テクニック過多を嫌う向きもありますから注意は必要です。本質を見失うと本末転倒です。

　以下、主要レトリックの内容を簡単にご紹介しましょう。知っておいて損にはなりません。

▶**比喩法**……比喩（ひゆ）とは、物事を語るときに、それと共通する別の物事に置き換えて表現する手法のことです。「あのひとの美しさと優しさは、まるで天女のようだ」「日本外交は暗礁に乗り上げた」

▶**擬態法**……オノマトペのところで説明したとおりですが、動作・様子・感覚・心理、音、動物の鳴き声などをイキイキと表現する手法のことです。「頭がズキズキする」「胸中はまさにドキド

キであった」

▶**擬人法**……ひとでないものをひとにたとえ、人格化して表現する手法のことです。「風が頬をやさしく撫でて吹いた」「老獪な保守政治家のような猫の執念」

▶**倒置法**……主語：目的語：述語の順序を逆転させ、目的語を強調する手法のことです。「彼は歌った、故郷の歌を」「我々は主張する、待遇の改善を」

▶**反復法**……同じ言葉を繰り返すことで強調する手法のことです。「広い広い空、青い青い海」「ちいさい秋、ちいさい秋、ちいさい秋みつけた」(サトウ・ハチロー)

畳語反復（同語句の繰り返し）、首句反復（文頭の語句を次の文頭でも繰り返す）、結句反復（文末の語句を次の文末でも繰り返す）、前辞反復（尻とり文で、前文の最後の語句を次の頭で繰り返す）、交差反復（同じ語句を、逆の語順で反復する）、平行法（A-B、A'-B' と並置して形式美を求める構文の型）などもあります。

▶**反語法**……疑問形で書いているようで、実は強い断定を表現する手法のことです。「我が社はこのままでよいのであろうか」（このままではいけない）「こうした暴挙を放置して構わないというのであろうか」（決して放置してはいけない）

▶**省略法**……すべてを語らず一部を省略して表現する手法のことです。「優勝できたのは多くの幸運に恵まれたからだ。あの日の天候、力強い応援、そして……」「××みたいな……」

▶**誇張法**……物事を大袈裟に強調して表現する手法のことです。「遂に山が動いた」「天地がひっくり返るような出来事だった」

▶**列挙法**……関連する単語を次々に並べて強調する手法のことです。「鶏のから揚げ、アジフライ、蕎麦、バタートースト、赤ワイン、苦いコーヒー、私の好物はいろいろある」

30　繰り返し推敲しつつ書く

> ● 設問（30）
>
> 推敲とは何ですか？　なぜ推敲が必要なのでしょうか？

　文章を書き終えた後、繰り返し練り直すことを「**推敲**（すいこう）」といい、誰もが国語の時間に学習しています。ところが社会人になると、読み直すことをすっかり忘れてしまうひとが大勢いらっしゃることに、私はあるとき気がつきました。執筆：推敲はワンセットだというのに、どういうわけでしょう。

　たとえばテレビのデータ放送に書かれている文章を読んでみてください。

「急いでいるから」、「時間がないから」、「速報性に重点を置いているから」などと言い訳するのでしょうが、まったくそれにしてもヒドイ文章です。読み直していないし、推敲していないことは明らかです。それでよいのでしょうか？

「推敲」とは、唐の都、長安に科挙の試験を受けるためにやって来た詩人、賈島（かとう）が、「僧は推す月下の門」という詩句について、「推す」（おす）ではなく「敲く」（たたく）とすべきかどうかおおいに悩み、長安の都知事で漢詩の大家、名文家として知られた韓愈（かんゆ）に尋ね、その示唆により、最後には「敲く」を選んだという故事に由来します。

　詩歌のみならず、ビジネス文書においても同様に、**書いたら読み直すことは絶対に不可欠と思ってください**。誤字・脱字や入力ミスに気がつくこともありますし、不適切な表現やより適切な書きように気づかされることも少なくありません。書いたら読み直す、時間の許す限り何度でも構いません。〈書くことと読み直す

ことは一体の作業〉と考えるべきです。

推敲は、重ねれば重ねるほどよい文章になることに疑う余地はありません。いちど書いたらそれでオワリ、書きっぱなしは厳禁です。

読み直すときの留意点は次の4点です。

> ▶構　成……文書全体の起承転結を見直すこと
> ▶校　閲……事実関係や内容的な不備、誤りを調べて正すこと
> ▶校　正……元原稿と突き合わせて、誤字・脱字や入力ミスを正すこと
> ▶体　裁……1ページの文字数・行数や、文字の大きさ・書体、色などのレイアウトを読みやすく、見映えよくすること

31　ツールの変化に応じて書く、または打つ

◉ 設問（31）

近年の筆記用具の変化について、どのように理解すればよいでしょうか？

●筆記用具の変化

この100年前後のあいだに「書く」ことの周辺には大きな変化が生じました。

筆記用具についていえば、毛筆からペンへ、ペンから万年筆や

鉛筆へ、万年筆からボールペンへ、ボールペンから電子ペンへと次々に変わってきています。

古来、中国では「文房四宝（ぶんぼうしほう）」と称し、筆・墨・硯・紙の4つにおおいにこだわり、やれ硯は端渓（たんけい）だとか筆は湖州産に限るとか、単に道具の話といえばそれまでですが、文人墨客（ぶんじんぼっかく）をおおいに楽しませてきました。いまや文房四宝どころか、文人墨客という言葉も死語というべきでしょう。

私が新入社員のころですが、10歳くらい上の先輩社員の履歴書は、多くが和紙に毛筆で認められていました。立派な字を書く先輩だと思っていたら、「なあに、代筆さ。上手なひとに頼んで書いてもらったんだ」と告白されて驚いた記憶があります。最近では「表彰状」や「感謝状」などもパソコン出力が当たり前ですが、つい最近まで、毛筆書きは立派に実務社会で生きていました。

ここ数十年のうちにワープロ・パソコンが大衆のものとなり、スマートホンの登場以降、むしろ「わが手わが指」自体が筆記用具ともいえる事態です。最も大きな相違はスピードです。

ワープロ・パソコンの漢字仮名交じり文入力スピードは、一般に10分当たり600文字が一人前としてのクリア基準で、1,000字超なら熟練者、2,000字超であれば尊敬の眼差しで周囲から一目置かれる存在になるレベルだといいます。手書きではとても無理な速さです。

また、負担の軽さも手書きとワープロ・パソコンには大きな差があります。なにしろ指先でヒョイヒョイ入力でき、削除も挿入も移動もアッという間なのですから。

● **用紙の変化**

巻き紙から便箋へ、便箋からコピー紙へ、用紙の変化にも大きなものがあります。和紙から洋紙へ、B5規格からA4規格へ、罫紙から白紙へ、白紙からカラー用紙へ。果てはペーパーレスな

どといわれる始末です。

また、逆説的ですが、特別感を演出するために、あえて透かし入りの和紙を用いるなど、反作用的な傾向も一部には見られます。

●書き方の変化

前にも述べたとおり、書き方についても、かつての縦書きから横書き主流の時代に変化してきました。ビジネスに限らず、市民生活においても横書きは当たり前のことになりました。国語を別にすれば、理科でも社会科でも学生のノートは横書きですし、ホワイトボードも黒板もメモ用紙も一般的には横書きが主流ですから、当然の成り行きといってよいでしょう。

●印刷の変化

安価なコピー機やプリンターの普及は目覚ましく、家庭にさえパソコンとセットでプリンターを置くようになりました。街の印刷屋さんが苦境に立たされる時代です。年賀状の自宅プリンター使用率はどのくらいなのかわかりませんが、私の観察するところでは8割を超えているように思います。

昔は少し大きな会社なら、浄書課とか文書課という組織があって、社内外のビジネス文書をタイプで打ったり簡易印刷機で印刷したりしていました。若いひとからみれば夢のような話です。事務効率の点で格段の進歩といえます。

ここでも仕事のスピード化は圧倒的です。

●辞書の変化

今日でも国語辞書は学生なら誰もが買い求め、机上の片隅に常備されています。しかし、会社でも家庭でも、いまや頻繁に使用されているのはインターネットや電子媒体辞書です。スマホでスイスイ何やら調べている若者を見ると、私のような世代からは別

世界の人種のようにさえ感じることがあります。

　中学生になって初めて買ってもらった英語の辞書や、子供向けとは一味違う中高生向け国語辞書を手にしたときの誇らしげな気分を味わうことは、これからの少年少女にはもはやないのでしょうか。寂しいような気の毒なような……。

●資料収集の変化

「書く」ときに資料やデータは不可欠です。図書館に行き、資料館に行って調べる作業は「書く」ことの付帯作業として常にありました。いまでも基本的にはそうですが、コンピュータとインターネットにより、さまざまなデータベースが即時に手に入る時代です。かつて多くの家庭の書棚を飾っていた十数巻もの百科事典は、ほとんど顧みられることがありません。

　ネット検索では、よほどの専門的データ・知識を別とすれば、調べたいことの大半は数分後に判明します。

●使用言語の多様化

　企業のグローバル化が進展し、世界が狭くなっています。日本に籍を置く日本資本の会社でも、英語の公用語化を進めようとしています。これからのビジネスマンには、英検やTOEFLやTOEICが必須といわれています。若い世代間では、「英語ができないと出世は無理」とさえ囁かれています。母国語である日本語さえままならないというのに、です。

　数年後には国家公務員上級試験にもTOEICが導入されるそうです。そのスピードは予想以上かもしれません。本書の立場から申し上げるなら、「だからこそ今のうちに日本語を」ということになるのでしょう。

　これらの変化は、極端にいえば「書く」という動詞が日本語から消え去り、「打つ」または「触れる」という言葉に将来は置き

換えられていくのではないか（？）とさえ思わされます。パソコンを使用して、しかも「ローマ字入力で日本語を書いている」と、素直にいって「書いている」というよりは「打っている」感があります。

　私の例をご紹介すると、右手の中指の先と親指の腹には、40代半ばころまで硬い「ペンだこ」がありましたが、パソコン入力が増えるにしたがって自然になくなりました。「ペンだこ」などという言葉ももはや死語です。

　余談ですが、「書く」と「掻く」の語源は同じだろうといわれています。昔、紙が一般に使用されていなかった時代、石版や木簡にキズをつけることイコール「掻く」が語源となって「書く」ということになった、というわけです。いうまでもなく、今日ではパソコンにキズをつけているわけではありませんから、語源からいっても「書く」は次第に「打つ」または「触れる」に置き換えられると想像しても、無理からぬところではないでしょうか。

　以上列挙したとおり、「書く」ことを囲む諸ツールは大きく変化しています。さまざまな変化のもとでこれからも私たちは「書く」ことを続けていくでしょう。**変わらぬもの、それはひとが自らのアタマで考え、全体の構成を組み立て、文章化するというプロセスだけかもしれません。日本語を使って、です。**

　道具がどのように変わっても、大切なこと、本質的なことは変わらず続けていかねばなりません。

32 押印の留意点

> ◉ 設問（32）
>
> 会社で使用する印鑑について教えてください。

　さて、ビジネスシーンにおける文書作成の仕上げは「押印」です。社印・代表者印・担当者印など、わが国は印鑑使用が通例ですが、印鑑使用に慣れない方は戸惑いも多いだろうと思います。

　私は若いころ、社印なんて、赤いのが何か押してあればいいのだから、適当で構わないのだ、などと不埒にも勝手に解釈していました。多少曲がっていても、擦れても滲んでいても、まあいいか、という感覚でした。

　ある日、当時の専務から、「こういうところを疎かにする奴にいい仕事なぞできるはずもない。きちんと押せ。社印がしっかり押印されているかどうかで会社の品格が問われるのだ」と叱られてしまいました。苦い思い出ですが、大事なことを学んだと思っています。

　会社で使用する主な印鑑は、大別すると「社印」「職制印」「登記印」（実印）「担当者印」の4種類ですが、用途別・目的別分類としては次の印鑑があります。

▶**訂正印**……赤ペン二重線を引き、上部の空きに正しく記入する。二重線の上に訂正印。

　ただし、産業能率大学のビジネスハンドブックでは、正しい文字、挿入する文字、削除した文字にかかるように押印する、としています。つまり、誤りではなく正したほうに押印する方法です。

▶**割印（わりいん）**……複数作成する契約書などの場合に、そのいずれもが正しい書類であることを保証するために用いる印鑑。ホッチキス留めの書類には、綴じたそれぞれのページ間に押印します。

　ただし、袋綴じの場合には、綴じた書類の裏面1ヶ所に押印すれば可とされます。

▶**消印（けしいん）**……収入印紙などに再利用防止のために押す印鑑。

▶**合印（あいいん）**……経理帳簿などを他の証憑（しょうひょう）と引き合わせた印として押す印鑑。合判（あいはん）。照合印。

▶**捨印（すていん）**……後日の訂正に備えて、あらかじめ余白に押印しておく印鑑。

　ただし、悪用される恐れがありますから、よほどの場合を除き避けるべきものです。

▶**止め印**……「以下余白」という意味で押印する印鑑。

▶**日付印**……郵便局で押してくれるような日付の入ったスタンプのこと。デート印ともいいます。

なお、印鑑に関連した「記名」「署名」「押印」「捺印」「拇印」など、類似用語がたくさんありますが、その意味、相違について以下に紹介しておきましょう。

▶**記名**……自分の氏名を自署以外の方法で記載すること。パソコン印字、印刷、ゴム印、印刷された押印などを指します。

▶**拇印（ぼいん）、書判（かきはん）**……記名押印、署名ほどではないにせよ、本人の意思を表示したと見なされます。拇印は拇指（親指）の腹に朱肉や墨をつけ、指紋を押して実印に代用する方法。書判は、手書きのサインや頭文字を○で囲ったもの。昔の武士の署名、花押（かおう）。

▶**記名押印**……記名に押印することで、署名と同等の効力を持つとされます。ゴム印＋押印も同じです。
▶**捺印・押印**……印鑑を押すこと。意味するところは同じです。
▶**印鑑・印章・判子・ハンコ・スタンプ**……意味するところは同じですが、公式には印鑑・印章といいます。判子・ハンコは俗称です。また、スタンプは日付印のことを普通指します。
▶**署名（サイン）**……欧米では重要視されていますが、日本では押印を重視する傾向にあります。しかし、契約書に自筆のサインをした場合、押印がなくてもそれなりの効力があります。

33　文章構成のチェックリスト

◎ 設問（33）

書き終えた文書を自己点検するよい方法がありますか？

最後に、国語の教科書編集に長く携わった**樺島忠夫大阪府立大学名誉教授が作成した「文章構成のチェックリスト」**をご紹介します。30年以上前に書かれたリストですが、私はいまでもひとつの指針にしています。

要点が10項目に整理されており、今日においても大変有益ですから、ぜひ参考にしてください。

①主題がはっきりしているか。文章全体を通じて一貫しているか。
②区切りをはっきり設けて書いているか。その区切りは、意味のまとまりを持っているか。段落を、意味の上でも視覚

的にもはっきりと設けてあるか。
③一つの文が長すぎないか。一つの文に多くの内容を詰め込みすぎているところはないか。
④意味がはっきりしない言いまわし、人によって違った意味に受け取られる表現をしているところはないか。
⑤あまり簡単にまとめすぎてはいないか。他人によくわかるように書いてあるか。5W1Hの、大切な要素が脱落してはいないか。
⑥抽象的に述べすぎてはいないか。もっと具体的に表現できないか。
⑦意見・感想・問題提起の表現に、それを引き起こしたり根拠となったりする事実の表現を伴わせて述べているか。
⑧正確に伝えるために、内容向けの筆者の行動"考える・推定する・伝え聞く・信じる・疑う"などの表現あるいは読み手向けの行動"報告する、約束する、問題を提起する、依頼する、希望する"などの表現を加えたらどうか。
⑨表現・文体は統一されているか。「です・ます」と「である」とを混用してはいないか。
⑩文字使いは統一されているか。送りがな・かなづかいは正しいか。誤字・あて字はないか。辞書を調べてみたらどうか。

(樺島忠夫『文章構成法』講談社現代新書)

PART 4
ビジネス日本語・文書スキルアップ17

ここからは〈応用編〉です。
基本の「き」を身につけたら、
さらなるスキルアップを目指してください。
日常的にできることや、少しの努力を
要する方法などを紹介します。
それでもなお〈苦手なひと〉はどうするか？
そんな解決策もご紹介していきます。

4.1 自己トレーニング

4.1.1 「声に出して読む」自己トレーニング

推敲を含め書き終えた後、ひとりで声に出して読んでみることは「もうワンランクアップ」に大変有効な方法です。

職場でお腹から大きな声を出して読むことはできないでしょうが、自分の書いた文章が声に出して読んでもわかる、耐えられるものかどうか、確かめてみることはおすすめです。

私のやり方は、小さな声でブツブツとつぶやく程度の読み方ですが、それでもはっとする気づきは少なくありません。

誤字・脱字はもちろん、黙読で読み返すときより遥かに多くの発見があり、推敲のヒントがあり、ときには後悔があり、したがって修正や次回の教訓につながります。

声に出したときに「つっかえる」「引っかかる」「読みにくい」感覚を覚えたら、どこかに問題があると考えてください。

句読点の位置、行替え、言い回しの修正、前後の文脈の見直しなど、音読の効果は絶大です。

> まだあげ初めし前髪の
> 林檎のもとに見えしとき
> 前にさしたる花櫛の
> 花ある君と思ひけり
>
> やさしく白き手をのべて
> 林檎をわれにあたへしは
> 薄紅の秋の実に
> 人こひ初めしはじめなり

わがこゝろなきためいきの
　　　その髪の毛にかゝるとき
　　　たのしき恋の盃を
　　　君が情に酌みしかな

　　　林檎畑の樹の下に
　　　おのづからなる細道は
　　　誰が踏みそめしかたみぞと
　　　問ひたまふこそこひしけれ　　　　（島崎藤村『若菜集』より）

　これは50年以上も前、私が中学生のときに授業で暗唱させられた「初恋」という詩です。

　七五調で読みやすく、声に出して読むと心地よい響きがあって、いまでも諳んじることができます。

　こうした「音読」は、今日の小中学校でも当たり前のように実行されていると思っていましたが、調べてみるとそうとは限らないようです。

　明治大学文学部の齊藤孝教授は、ベストセラーになった著書『声に出して読みたい日本語』のなかで、「いま、暗誦文化は絶滅の危機に瀕している。かつては、暗誦文化は隆盛を誇っていた。小学校の授業においても、暗誦や朗誦の比重は低くなっているように思われる」としたうえで、「声に出して読み上げてみると、そのリズムやテンポのよさが身体に染み込んでくる。そして身体に活力を与える。それは、たとえしみじみしたものであっても、心の力につながってくる」と述べています。

　視覚的な文字情報を音声で表現・発信し、それを自分の耳で聴くことでより確かな受信が得られるわけです。

　昔、寺子屋で学ぶことといえば、漢文の素読・音読だった歴史がその効用を証明していますし、いまでも幼稚園児や小学校に上

がったばかりの子供たちは、ごく自然に大きな声で絵本や教科書を読んでいます。音読には意味があるのです。

> 雨ニモマケズ／風ニモマケズ／雪ニモ夏ノ暑サニモマケヌ／丈夫(じょうぶ)ナカラダヲモチ／慾(よく)ハナク／決シテ瞋(いか)ラズ／イツモシヅカニワラッテヰル／一日ニ玄米(げんまい)四合(ごう)ト／味噌(みそ)ト少シノ野菜(やさい)ヲタベ／アラユルコトヲ／ジブンヲカンジョウニ入レズニ／ヨクミキキシワカリ／ソシテワスレズ／野原ノ松ノ林ノ蔭(かげ)ノ／小サナ萱(かや)ブキノ小屋ニヰテ／東ニ病気ノコドモアレバ／行ッテ看病(かんびょう)シテヤリ／西ニツカレタ母アレバ／行ッテソノ稲(いね)ノ束(たば)ヲ負ヒ／南ニ死ニサウナ人アレバ／行ッテコワガラナクテモイイトイヒ／北ニケンクヮヤソショウガアレバ／ツマラナイカラヤメロトイヒ／ヒデリノトキハナミダヲナガシ／サムサノナツハオロオロアルキ／ミンナニデクノボートヨバレ／ホメラレモセズ／クニモサレズ／サウイフモノニ／ワタシハナリタイ

（宮沢賢治『雨ニモマケズ』）

　自分が書いた原稿を「声に出して読む」トレーニングは、私たち大人にも有益です。書いたらすぐ、いまからでもできます。決して恥ずかしいことではありません。大声を張り上げる必要はなく、小さな声でよいのです。

　トレーニングですから習慣化することが必要で、毎回繰り返し実行することを強くおすすめします。

4.1.2 「翌日に読み直す」自己トレーニング

「書く」という行為には集中力が必要です。気が散っていたらど

れほど有能なひとでも決してうまく書けません。夢中で書いていると、それだけ思考も文章も近視眼的になるのはやむを得ないことです。

したがって、改めてタイミングを見計らって読み直し、推敲し、書き改める作業が必要になります。

書いては読み直す、その繰り返しこそ「書く」という行為である、といっても過言ではありません。

そのタイミングですが、**私のおすすめは翌日の朝**です。

なぜか？　書き終えたらいったんすっかり忘れることがポイントだからです。

翌朝、すっきりした感覚でアタマを白紙に戻して読みます。自分の書いた文章をまるで他人事のように読みます。客観的に、冷静に読むためです。

すなわち読者と同じ目線、同じ感覚で読みます。初めて読む気持ちで読むのです。

これを逆にいえば、納期の前日までには書く、ということになります。1日前のゆとりが読み直しの時間をもたらし、読み直せば必ずそれだけよいものができる、という循環です。

翌日という時間的余裕がないときには、別の仕事を1〜2時間挟んで再び戻り、リフレッシュしてから読む方法もあります。私はいつもこれの反復です。お茶を一杯、たばこを一服です。一発完成はほとんどありません。毎回「顔を洗って出直し」です。

194ページに「推敲」について述べましたが、いわば〈時間を空けた推敲〉といってよいでしょう。逆に余裕があるときには、1〜2日経過してから読んでもよいと思います。

「翌日に読み直す」トレーニングも、特別な練習は不要です。今日からでもできます。訓練なしでできることですが、前項同様に可能な限り毎回実行してください。この場合は声を出すのではなく、気持ちを集中した黙読が、むしろ私のおすすめです。

4.1.3 「日記をつける」自己トレーニング

　すぐできる自己トレーニングの3つ目は「**日記**」です。いまさらこの歳で日記なんて、と思わないでください。「思いついたら吉日」です。よいと思うなら何歳からでも始められます。誰かに見せるわけではありませんし、1月1日から始めなければいけない理由もありません。

　また、特別な日記帳である必要もありません。一般的なノートで十分。むしろフリー使用には罫線のみの横書きノートが便利です。1日分の分量は自由。書きたいことが多ければ記述も多く、疲れて書きたくなければ簡潔明瞭に数行だけ。イラストを描いても、計算式を書いても、何かを貼り付けてもOKです。

　昔からの暗黙的ルールは、日付と天候を書くこと。それくらいでしょう。日記をつけるタイミングは、一般的には夜、就寝前ですが、早起きして早朝に書いても構いません。その日の出来事を書く、その日に会ったひとのことを書く、何処へ行ったかについて書く、何をしたのかを書く。公私を区分して書くもよし、混在させても構いません。

　また、「読書日記」、「映画観賞日記」、「登山日記」、「運動日記」、「体重測定日記」など、テーマを絞ったつけ方もあります。私的な（上司に報告しない）「業務日誌」もよいでしょう。要は〈書くという行為を日常的なものにすること〉が目的です。構えないで気軽に始めることをおすすめします。

　日記といえば、時代物の小説家として著名な池波正太郎のエピソードが有名です。彼の日記には、○月○日、晴れ。第一食：コーヒーとトースト1枚。第二食：かつ丼。第三食：資生堂パーラーで生ビール1杯とチキンライス。第四食：お茶漬け少々。という調子で、その日の食べ物ばかり、食べたものだけを書いていたそうです。その日に食したものを書いておくと、後で読んでもそ

の日一日の出来事がありありと思い出されるという意味のことを、ご本人はどこかに書いておられます。

　ところで日記は「つける」といい、「書く」とはあまりいいません。なぜでしょうか。

　シミをつける、しるしをつける、手帳をつけると同じように、つけるとは、後日に残すというニュアンスが込められているように思います。ただ、後で読み返すことを想定することは必須ではありませんし、結果として読むことがなくても、それはそれで結構だろうと思います。

　ノートに手書きは面倒というなら、パソコン入力でももちろん可です。

　要はトレーニングですから、野球のバットの素振りと同様に、毎日継続的に書き続けることを自分に課すことが大切です。このトレーニングの目的は、私生活でも書くことに慣れること、抵抗感を減らすことにあります。

　私は小学4年生くらいから20歳ごろまで、10年余り日記をつけていた経験者ですが、大人になってから、あれは自分のためになった、と感じています。

　正直にいえば、中学生までは書くのは嫌々でした。「今日は特になし」とか「昨日とおなじ」と書いては母親に叱られたものです。自ら進んで書くようになったのは、多感な高校生になってからです。いったい何をそれほど書いていたのか、我ながら不思議ですが、何ページにも亘って毎晩日記をつけていた思い出があります。また、派生的に「映画演劇鑑賞日記」を自ら書くようにもなりました。映画や演劇をみたときに、その感想や感動をその日のうちに専用ノートに書くようにしたのです。

　小学高学年のお子さんのある読者は、ぜひお子さんに日記をおすすめください。ご自身もぜひ、と申し上げておきましょう。

　私に日記を厳しく課した母親には、おおいに感謝しなければな

りません。

4.1.4 「手紙を書く」自己トレーニング

日記はちょっと……、という方へのおすすめは「**手紙**」を書くことです。

いまの世の中で手紙なんて、と思わないでください。暑中見舞いのハガキでも結構ですし、年賀状、恩師への近況報告、古い友人へのたよりでもよいと思いますし、故郷の両親でももちろん結構です。

- ▶**書こうとする相手のことを脳裏に思い浮かべる**
- ▶**ふたりの記憶を辿る**
- ▶**自分自身の近況で伝えたいことを振り返る**
- ▶**相手のいまを想像する**
- ▶**自分と相手との「距離」を測る**

こうしたプロセスを経てから後に便箋を取り出すか、パソコンで打ち出すか、ハガキでよしとするか、方法論を決めるというのが一般的な段取りでしょう。

いずれにせよメール・ツイッター・LINE・SNSなどの電子媒体ではなく、あくまでここでは切手を貼った手紙（ハガキ）です。「書く」だけでなく、上記の思考プロセスを重視したいからです。

103ページでも少し触れましたが、手紙は自己トレーニングの手法としては続けやすく、続ければ続けるほど上達のスピードが増して、加速度的に伸びますから、騙されたと思ってぜひ試してください。

ビジネス文書とは直接の関係が薄い事柄ではありますが、「書く」行為の習慣が身につけば素晴らしいことです。

　時間に余裕のあるシニア世代を中心に、絵手紙が静かなブームを呼び、若者は電子媒体オンリーの傾向が顕著な今日です。スマホでメールの時代に、どうして手紙かというご指摘もあるでしょうが、ビジネスの第一線で活躍する若いひとたちこそ、手紙を書いてほしいと思います。

　最初は携帯メールのような短い文章でも構いませんが、できれば1回に少なくとも1,000字、便箋なら2枚以上書けば立派なトレーニングになります。スマホで1,000字はあり得ません。長文のラブレターならベストですが、遠距離恋愛であっても、いまやラブレターは過去の産物なのでしょう。「ビジネス日本語トレーニング」を提唱する私としては、大変残念なことです。

4.2 JOB トレーニング

4.2.1 「真似て書く」JOB トレーニング

書道の世界に「臨書」（りんしょ）という言葉があります。お手本とする文書を横に置き、真似て書く手法のことです。

書道ですから「書体」を真似ることが目的で、文章自体を真似るわけではありませんが、優れたものを真似て書くことは伝統的手法でもあり大きな意義があります。今日においてもお手本は文章修業に有効な手法です。

直木賞作家・浅田次郎氏は、デビュー前、「古今東西の名作小説をひたすら筆写した」そうです。特に川端康成については、全小説を手書きで書き写したといいます。川端康成の全小説がいったい何点あるのか知りませんが、覚悟のほどが窺えます。

浅田氏は「それが自分なりの文章修業だった」と述べています。名作を書き写すことで文章のリズム感や文体を体得したのでしょう。「泣かせ名人」とか「涙腺の魔術師」といわれる小説家・浅田次郎氏の原点は、まさに「真似る」ことだったわけです。

私たち実務家も、**職場で見聞きするメール文、レター、回覧文書、掲示板、社内の各種通知文などから、「これは」と思うものを抜き出し、書き留め、ときにはコピーを取ってファイルしておくことで、イザというときの見本とすることは有益です。**

文芸作品ではありませんから、丸写しでなければ問題はありません。ただし著作権には注意しなければいけません。

反面教師といいますが、少なくとも文章作成に悪文は参考になりません。本書に類似する参考書のなかには、NG 文書と OK 文書を比較参照することで書き方指導しようとする手法があり、私もそのような本に関わったことがありますが、実はあまり意味の

ないことです。悪文を見るのではなく、よい文章を真似るのです。
　こうするとNG、こうしてはいけない、などとネガティブな指摘ばかり受けると、萎縮するだけでますます書けなくなるばかりです。職場のよき上司・先輩から学べることはたくさんあるはずです。その意味で「模範ビジネス文例集」は役に立つケースがあるでしょう。
「すべての創造は模倣から出発する」とは、確か彫刻家で作家の池田満寿夫の残した言葉『模倣と創造』の一文だったと思います。イチローのバッティング・フォームを、少年たちが真似て日々無心に素振りを繰り返すように、お手本を真似ることは有効なトレーニングです。

4.2.2 「第三者に読んでもらう」JOBトレーニング

　信頼する先輩や上司に事前に読んでもらうのは当たり前ですが、その前段階で第三者に読んでもらうことをおすすめしたいと思います。
　自分なりに完成したとはいえ、原稿レベルの書きものを他人に読んでもらうのには勇気が要ります。恥ずかしい、照れくさい気持ちはどうしてもあるでしょう。であればこそ、です。
　精根を傾けた企画書、情熱を注いだ起案書、真剣に書いたお詫び状、新製品発表会の招待状……、注いだエネルギーが大きければ大きいほど慎重さ、冷静さが不可欠です。近視眼的な狭い世界に陥っている危険があるからです。
　読んでもらう相手としては、親しい友人、恋人、妻や夫など、会社の仕事とは無関係な、まさしく第三者が望ましいと思います。もちろん会社の秘密情報管理規程やコンプライアンスに触れることがあってはいけません。ここは要注意です。

第三者は利害関係にありませんから、厳しくも適切なアドバイスを求める相手として望ましいのです。

　第三者が読んで無反応なら、書き手の文章に説得力がないということですから、振り返りが必要になります。書き手の思い込みや誤解があれば、第三者が解き明かしてくれるかもしれません。ボロクソな指摘を受けることがあってもクサラナイでください。よきパートナーには感謝のこころで接しなければいけません。

**　第三者に読んでもらうことで、主観から客観へ、感情から論理へ、内容的にも文章的にも必ずレベルが向上します。**

4.2.3　「他人の文章の添削」JOBトレーニング

　トレーニングは真似て書いたり誰かに読んでもらったりするだけでは不足です。

　次に取り上げるのは他人の書いた文章を自分が添削するというもの。私だったらこのようには書かない、私だったらこのように書く、ここをこう修正すればこのようによくなる……。

**　他人の書いたものを添削することにより、①観察力がつく、②読解力がつく、③分析力がつく、④整理能力が高まるなどの利点があります。**

「添削なんておこがましい」と尻込みする必要はありません。必要なら「勉強させてください」といって了解を得ればよいし、面倒なら黙って独習すればよいのです。「以て他山の石とせよ」です。

　たとえば、取引先から受け取ったビジネスレター、展示会の案内状、事務所の移転案内、退職の挨拶状、クレームレター、問い合わせレターなど、なんでも構いません。コピーを取り、添削する心構えで赤ペン片手に読んでみましょう。

　大切なことは、最初から添削する気持ちで臨むことです。結果

として修正・指摘すべき箇所がなかったとすれば、その文書はそのまま模範文例としてファイリングの対象です。知らない表現や語法に出会えるかもしれません。それもそのままあなたの財産ですから、ストックしておくべきです。

廊下のボードに貼られたお知らせ掲示、回覧板の文章、誰かから受け取ったメール文、暑中見舞いのハガキ、同窓会の案内状、社員の書いた社内報の原稿……。教材は周囲にいくらでもあるはずです。

私は若いころ、社長が書いた社内報の原稿を、本人が気づかないよう細心の注意を払いつつ、黙って添削して掲載していた時期があります。

原稿を1ページに収めるための苦肉の作業でしたが、いまになればあの作業がおおいにトレーニングになったとわかります。

他人の書いた文章の添削に必要な心構えは、①原文の趣旨やニュアンスを壊さないこと、②よいところはそのまま生かすこと、③添削者が決して前面に出ないこと、です。

ある識者によれば、「新聞の投稿欄」なども格好の教材だといいます。そうかもしれませんが、投稿欄に掲載された文章は、いずれも投稿者の原文をプロが添削・整理した完成版ですから、欠点を発見することはなかなか困難ではあると思います。ただ、ボリューム的にはトレーニングにちょうどよい長さです。

やってみましょう。

以下の例文は、依頼されて私が実際に添削したものです。

★ 添削問題 ★

次の文書を添削してください。ただし、前提条件として、相手先と①面識がない場合、②面識はあるが親しくない場合、③ある程度親しい場合、に分けて添削すること。

DVD監修のお願い

拝啓　梅雨の候、いよいよご隆昌の趣お喜び申し上げます。日頃は格別のご教導を賜り、誠にありがとうございます。

　さて、本日は折り入ってお願いしたいことがございまして、お手紙を差し上げる次第です。年末に向けてご多用中とは重々承知しておりますが、来月中に高橋先生のお時間を拝借することは可能でしょうか。

　私事ながら、以前先生の著作を拝読し、非常に素晴らしい理論をお持ちだということに感銘を受けました。このたび弊社では『健康ヨガ　初心者編』のDVDを企画・制作する運びとなり中高年から始めるヨガをご指導されている先生に、ぜひとも監修をお願いしたいと思い至った次第です。できれば弊社の担当者が先生の事務所に出向き、先生のご意向をお伺いしたいと存じますが、いかがでしょうか。

　なお、面会日時は先生のご都合を最優先いたしますので、今月中にご予定を伺えれば幸いに存じます。

　略儀ながらまずは書中にて。

敬具

■回答例（ゴチック部分が添削）

①面識がない場合

　拝啓　梅雨の候、**ますますご健勝のこととお慶び**申し上げます。**唐突ながらお手紙いたします失礼を何卒ご容赦ください。**

　実は、このたび弊社では『健康ヨガ　初心者編』のDVDを企画・制作する運びとなり**ました。そこで、**中高年から始めるヨガをご指導されている先生に、ぜひとも監修をお願い**いたしたく、お手紙を差し上げる次第です。**

できれば弊社の担当者が先生の事務所**をお訪ねし、直接**、先生のご意向をお伺いしたいと存じますが、いかがでしょうか。

　もとよりご多用中とは存じますが、可能なら来月中に先生のお時間を拝借することができれば誠に有難く存じます。

　なお、ご面会の日時は先生のご都合を最優先いたしますので、今月中にもご予定を伺えれば幸いに存じます。

　事情ご賢察のうえ、何卒よろしく重ねてお願いを申し上げます。
敬具

②面識はあるが親しくない場合
　拝啓　梅雨の候、**ますますご健勝のこととお慶び申し上げます。弊社事業につきましては、平素より格別のご指導を賜り、有難く厚く御礼を申し上げます。**

　さて、このたび弊社では『健康ヨガ　初心者編』のDVDを企画・制作する運びとなり**ました。そこで、中高年から始めるヨガをご指導されている先生に、ぜひとも監修をお願いいたしたく、お手紙を差し上げる次第です。**

　できれば弊社の担当者が先生の事務所**をお訪ねし、直接**、先生のご意向をお伺いしたいと存じますが、いかがでしょうか。

　もとよりご多用中とは存じますが、可能なら来月中に先生のお時間を拝借することができれば誠に有難く存じます。

　なお、ご面会の日時は先生のご都合を最優先いたしますので、

今月中にもご予定を伺えれば幸いに存じます。

事情ご賢察のうえ、何卒よろしく重ねてお願いを申し上げます。

敬具

③ある程度親しい場合
　拝啓　梅雨の候、ますますご活躍のこととお慶び申し上げます。弊社事業につきましては、平素より格別のご指導を賜り、有難く厚く御礼を申し上げます。

　さて、このたび弊社では『健康ヨガ　初心者編』のDVDを企画・制作する運びとなりました。そこで、**今回もまた先生に監修をお願いいたしたく、取り急ぎお手紙を差し上げる次第です。**
　いつものように弊社の担当者が先生の事務所**をお訪ねし、詳細ご相談申し上げたうえ**、ということにいたしたく、可能なら来月中に先生のお時間を拝借することができれば誠に有難く存じます。

　毎度お願いばかりで誠に恐縮ですが、何卒よろしくお願いを申し上げます。

敬具

●ワンランク上の書き換え表現
　①梅雨の候
　　・梅雨明けが待ち遠しいこの頃
　　・紫陽花の花の色が一際濃く……「梅雨」が好きな人はあまりいませんから、ネガティブな「梅雨の候」というより、少しでも前向きに書けば好感度が増します。
　②お喜び申し上げます
　　・お慶び申し上げます……「お喜び」で間違いとはいえま

せんが、喜劇の「喜」より慶賀の「慶」を使うと、より格調の高い文章になります。

③私事ながら……

面識がない場合、はじめてのコンタクトで「私事」を持ち出すのは非常識です。

逆に、面識はあるが親しくない場合なら、先方がそのことを知らないという前提で「私事」について書かれてあっても構わないケースはあり得るでしょう。ある程度親しいというなら、いまさら「私事」を持ち出す理由はありません。

④ユーモアのある表現

読み手がほほ笑むであろう表現を活用すると、好感度が増すことがあります。

例示：「先日もTVで拝見しましたが、いつもながらスタイル抜群で……」

ただし、ある程度親しい関係であることが条件です。こちらはユーモアのつもりでも、所詮通じない相手には通じません。ユーモアのある表現には高度なテクニックとセンスが求められます。

⑤結論が先

最後までよく読まないと何が書かれているかわかりにくい
　　　↓
用件＝結論がすぐにわかる書き方

その意味から原文の順序を入れ替えてあります。

また、1行おきに書くことで用紙全体にゆとりを持たせ、読みやすさに配慮しました。

●ありがちなNG例

×折り入って、

○ぜひ、切に、

どちらも頻度高く使われる言葉ですが、話し言葉と書き言葉の相違という点では、「ぜひ」とか「切に」を使うべきでしょう。

決して間違いではありませんが、特に読み手との関係が親しくない場合に「折り入って」は、やや不自然な印象があります。

つまり、「折り入って」というのは、「いつもの親しい関係性と少し違う観点で今回お願いしたいこと」というニュアンスがあるからです。

●**読み手との関係性**

取引文で肝心な点は、「関係性の理解」です。読み手の個性を想像し、読み手の受ける理解レベルを想像し、反応を想像するところから書き方が決まってきます。

書き手と読み手の関係性を無視した添削、書き換えは実は無理があるのです。したがって、読んでみたときの書き手自身の「違和感」または「フィット感」が極めて大切です。

4.2.4 「ゆとり・遊び・対称・均衡」JOBトレーニング

私の叔父に神谷量平というひとがいました。劇作家で短歌作家、『京浜の虹』『歴程』『野中一族』『武蔵野の家』『ヴォルガ収容所』『村雨橋遺文』などの創作劇、『破戒』『橋のない川』『聖のんだくれ物語』などの脚色があり、若いころには映画のシナリオも書いていました。この叔父の短歌から、文章の〈**ゆとり・遊び・対称・均衡**〉について述べたいと思います。

・戦死してもいいから征きたいと思ったり　絶対にいやだとポ

スト蹴ったり
- 大木に切り込まれた斧の切り口の白い乾きに似たるあこがれ
- 天体の非情の中に輝いた　地球のここのわが日向ぼこ

　上記はいずれも『歌集　自分史史料』（キリスト教社会主義研究会出版）から採ったものです。一読してすぐに気がつくことは、「戦死／ポスト」「大木／あこがれ」「天体／日向ぼこ」という、遠い言葉同士の不思議な組み合わせです。リアリズム作家のこれらの語句を「ゆとり・遊び」というにはおおいに抵抗がありますが、作者独自の世界観の発露としては非常に面白いと思いますし、精神の大きなバランス感が感じられます。

　元新聞記者の辰濃和男は、『文章の書き方』（岩波新書）の中で、「文章の後ろ姿」という言い方で均衡について述べています。前から見たときの姿だけでなく、後ろから見たときの姿を予測し、考え抜いて書くことの難しさです。
　このようなバランス感覚が文章に奥行きをもたらし、世界観を拡大し、文章全体にあたかも交響楽のような深みと大きさをもたらします。これが「ゆとり」「遊び」「対称」「均衡」です。
　これは、短文で書く、結論から書く、わかりやすく書く、箇条書きで書くというビジネス文書初心者向けの大原則からいえば〈上級編〉に入る概念です。
「実用文」と「創作文」は基本的に異なる分野ですから、文学作品を引き合いに出すと誤解されるかもしれませんが、新製品企画書のように、または商品カタログやポスターのキャッチ・コピーのように、**クリエイティブな色彩が濃い文書の場合には、文章の〈ゆとり・遊び・対称・均衡〉の視点が必要です。**
　これこそ「たくさん読む」姿勢なしに身につくものではありません。この場合のトレーニングとは、文芸作品を含めた「日常的

な読書習慣」に尽きますが、短歌や俳句に親しむことは有益です。

4.2.5 「反論を書いてみる」JOBトレーニング

　論理的な文章を書けるようになるためのトレーニングとして、大変有効な方法のひとつが「**反論**」を書く練習です。敢えて、無理にでも、誰かの文章に「反論」するのです。

　たとえば新聞・雑誌の投書欄。たとえば業務に関する上司からの指示・命令内容。たとえば新しく公表された社内規程や通知通達など、身の回りにある材料を手元に置いて「反論」を書いてみましょう。

　このトレーニングの発展形としては、「憲法改正に賛成」と「憲法改正に反対」の両方の立場で各々原稿用紙1枚ずつ書く、「TPP賛成」と「TPP反対」の両方について各々パソコンで20行ずつ書いてみる、などという方法もあります。

①問題提起　　　②意見提示
③意見展開　　　④結論

　まず何よりも必要なことは何か？　それは、反論すべき対象を熟読して正しく理解することです。スタートが間違っていれば、的を射た「反論」は到底書けません。

　また、「理解」するということは、その前提条件、論理展開、結論の妥当性などを把握するということですから、読解力トレーニングとセットということになります。むしろここが重要だといっても過言ではないでしょう。101ページで少しご紹介したディベートに通じるトレーニングです。以下、その段取りを記します。

▶対象文書を熟読する

- ▶その論理展開を把握する
- ▶矛盾・欠陥・洩れ・欠落・弱点を探す
- ▶対象文書の趣旨を逆説的に思考する
- ▶反論要旨をイメージする
- ▶反論を書く

4.2.6 「紙面デザイン」JOBトレーニング

JOBトレーニングの6つ目は紙面のレイアウト、デザイン処理に神経を使うこと。どれほど説得力のある力強い文章でも、読み手を唸らせる名文でも、ただただ紙面いっぱいに文字を並べ立てても完成とはいきません。見せ方・読ませ方の工夫が大切です。

- ▶見出し（大見出し・中見出し・小見出し）
- ▶改行・改ページ
- ▶行空け
- ▶文字サイズ・書体
- ▶図解・見える化（可視化）
- ▶色
- ▶アンダーライン・網かけ・囲み文字

心構えとして大切なことは、「書き手としての私」と「紙面デザインする私」は別人であると意識することです。

執筆者と編集者またはレイアウターとは視点が異なるのです。前者が内容中心の視点なら、後者は見せ方中心の視点に立って原稿を加工・構成するわけです。

エディター（編集者）的視点とは、読者の側に立って文章と文書全体を見直す姿勢のことです。換言すれば、わかりやすく・読

みやすい文書にするための化粧を施すことです。

　これもまたトレーニングですから、毎回繰り返し実行することが必要です。また、レイアウトやデザインには基礎知識が必要で、アマチュアには難しい面もありますから、周囲の誰か、得意なひとの力が借りられれば文句なしです。

4.2.7　「取材と報告」JOBトレーニング

　次にご紹介するのは、私の所属する会社で、新卒新入社員を対

●課題

オフィス内にて下記要領にしたがって先輩社員にインタビューし、その報告書を作成しなさい。

①インタビューする項目
　　・氏名、所属、役職
　　・年齢または勤続年数
　　・担当する業務内容
　　・当社のよいところ、よくないところ
　　・新入社員に期待すること

②インタビューする人数と制限時間
　　・人数　　最低3名　　・時間　　90分以内

③報告書の作成
　　・用紙2枚以内にまとめる
　　・作成時間は60分以内
　　・仲間との共同取材や相談は禁止。すべてひとりで行うこと

象にした導入研修の何日目かに実施している「取材と報告」研修の課題です。

　毎春1週間から10日ほどかけて行う新人導入研修は、盛りだくさんのカリキュラムにしたがって、就業規則や安全衛生教育、情報セキュリティ教育、業務ルール教育などを教室スタイルで目一杯詰め込みます。そうした机上の勉強に飽きた頃合いを見計らって行うこのトレーニングは、まさに実践的なトレーニングとしていつも大変好評です。

　慣れない社内の様子が肌で感じられる、先輩から取材することで働く実感が得られる、同期以外の顔見知りができる、自由に社内を歩き回れるといった副次的な効果もありますが、本来の目的はあくまで「取材と報告」訓練です。

　上司であれお客様であれ、新人は「聴く」「理解する」「アクション」「報告」というサイクルで初めての仕事に取り組むわけですから、そうしたサイクルを体感させようというのが狙いです。

> ▶事実と意見は区分して書く
> ▶端的に要領よく書く
> ▶わかりやすく書く
> ▶納期に間に合うように書く

　でき上がった報告書は、全員に回覧させ、その出来映えを新人同士で相互評価させるだけでなく、講師が詳しくコメントします。想像以上に出来映えにはバラツキがあり、書いたばかりの実例を踏まえていますから、研修会場はいつもおおいに盛り上がります。「取材と報告」とは、すなわち「聴くと書く」コミュニケーションの連動そのものといえます。

　報告書作成は、あらゆる業種・職種のビジネスマン共通の必須ス

キルですから、新人のうちにしっかり身につけさせたいものです。

　これを応用すれば、新人でなくてもトレーニングが可能です。客先訪問結果の報告を20行で書く、今週の業務報告をフリーハンドで1枚にまとめるなどが考えられます。

4.3 スキルアップ・トレーニング

4.3.1 スキルアップ・トレーニング：縮約のすすめ

　文章を建物にたとえると、単語・語彙は建物をつくる一個一個の煉瓦です。

　文章を読むとは、書き手の意図・内容の全体を理解することです。また、書くとは、書こうとする意図・内容の全体を表現すること。したがって、建物の部品に注意するだけでは足りません。建物全体の構成を考える必要があります。

　そこで練習すべきことは何か。

> 1) 縮約とは、要約することや要点を取ることではなく、地図で縮尺というように、**文章全体を縮尺してまとめること**。
> 2) 原稿用紙を使い、最後の一行あるいは二行の空白を作ってもいけない。つまり、ぴったり指定行数にわたる文章にまとめる。
> 3) 原稿用紙から一字でもはみだしてはいけない。
> 4) 全文を段落なしに書き続けてはいけない。必要な改行をすること。
> 5) ひとつのまとまった文章として読めるものであること。
> 6) タイトルは別とし、文字数に含めない。
>
> 　　　　　　　　　　　　　　（大野　晋『日本語練習帳』より）

　スキルアップのためのトレーニングとして、これを強く推奨したいと思います。

　大野晋は、「表現学」講義の中で、学習院大学文学部の学生に「**縮

約」を課したそうですが、卒業生から「あれがいちばん役に立った」と聞かされ、おおいに喜んだと同書で紹介しています。

具体的には、新聞の社説1,400字を約30％に縮約し、400字にするというものです。

大野晋は、これを1年間におよそ30回繰り返すと有効だといっています。やってみればわかりますが、なかなか難しく、じっくり読む、残す部分とカットする部分を分ける、文章のリズムを壊さない、論旨を歪めない、文字数を改めて数えるなど、おおいに悩むはずです。

私は法政大学の法学部出身者ですが、教養課程の選択科目の中にやはり「表現学」(芳賀綏教授)の講義がありました。私の体験は、小説家・内田百閒のエッセイの朗読を「縮めて聴いて指定文字数に書く」ものでした。議事録や講演録を書くことにも似ていましたが、原文のニュアンスや文体そのままに、その場ですぐ短く書くという点で、縮約に近い体験でした。学習院の学生同様、私も社会人になってからあの経験が大変役に立ちました。

ではやってみましょう。

◎ 縮約問題（1）

次の文章は、27字×23行＝621字で書かれています。これを20字×15行＝300字に縮約してください。ルールは上記のとおりです。30分以内でどうぞ。

『虫の目・鳥の目』

これは想像ですが、地面を這う虫の目から見た人間は、あ

る種、巨大な化け物でしょうし、同じ人間を高い空の上を飛ぶ鳥の目から見れば、きっと小さな小さな生き物に違いありません。
　このことは、物事を見るときの視点の重要性を示唆しています。「木を見て森を見ない」とは、一部分だけを見ていて全体像が見えない危険性を指摘していますし、反対に「森を見て木を見ない」とは、個々の事情や細部の特性を見つめる目の欠落を指した言葉です。同じように、正しく物事を見つめようとするときには、虫の目と鳥の目の両方が大切です。文章においても、これはまったく同様です。

　　＊虫の目のはらむ危険性：独善的な文章、一方的な文章、偏向的な文章、部分的な文章。
　　＊鳥の目のはらむ危険性：抽象的な文章、概念的な文章、細部に抜けのある文章、総論だけの文章。

　特に企画書、起案書、クレーム文、抗議文など、直接の読み手はもちろん、書いた当人以外の複数の視点から客観的に見直す必要がある文書を作成しようとするときには、注意が必要です。ビジネス文書は、できるだけ客観的、複眼的でありたいからにほかなりません。このような危険を回避し、どこから見ても必要にして十分な視点を確保するためには、①読み直す、②一晩おいて冷静になる、③第三者に読んでもらう、④異なる仕事をあえて間にはさんでみる、といった対策が有効です。

■回答例

『虫の目・鳥の目』

　これは想像ですが、虫の目から見た人間は、きっと巨大な化け物でしょうし、空を飛ぶ鳥

から見れば、小さな生き物に違いありません。
　このことは、物事を見るときの視点の重要性を示唆しています。文章においても、これはまったく同様です。
　虫の目のはらむ危険性：独善的・一方的・偏向的・部分的な文章。
　鳥の目のはらむ危険性：抽象的・概念的・細部に抜け・総論だけの文章。
　このような危険を回避し、どこから見ても必要にして十分な視点を確保するためには、①読み直す、②一晩おいて冷静になる、③第三者に読んでもらう、④異なる仕事をあえて間にはさんでみる、といった対策が有効です。

◎ 縮約問題（2）

さらにもう1回、20字×15行＝300字から、20字×10行＝200字に縮約してください。

■回答例

『虫の目・鳥の目』

　これは想像ですが、虫の目から見た人間は、きっと巨大な化け物でしょうし、空を飛ぶ鳥から見れば、小さな生き物に違いありません。
　文章においても、虫の目では独善的・一方的・偏向的・部分的となり、鳥の目では抽象的・

> 概念的・細部に抜け・総論だけの文章となる危険があります。
>
> 　読み直す、一晩おいて冷静になる、第三者に読んでもらう、異なる仕事をあえて間にはさんでみる、といった対策が有効です。

いかがでしたか？　なかなか難しかったと思いますが、実は私の行う『ビジネス文書の書き方研修』でも、この縮約実習が受講生に最も好評です。

よく読む、言葉の意味を考える、文脈から筆者の主張を理解する、カットする箇所を決める、前後の段落の辻褄を合わせる、文字数を調整する……。私の『ビジネス文書の書き方研修』受講生に同じ問題を課したところ、最初の問題だけで早いひとでも 40 分はかかりました。

この練習問題原文はわずか 600 字ほどにすぎません。1,400 字の社説はその 2 倍ですから、読み込みに必要な時間も 2 倍でしょう。多忙な読者各位には 1 年間に 30 回では無理があるでしょうから、毎月 1 回でも実践すれば、スキルアップ間違いなしです。

ちなみにこの「縮約」ですが、公文式算数で有名な**公文教育研究会**の国語教育にも採り入れられ、おおいに注目を浴びているそうです。同会のホームページでは、縮約の効果を次のように説明しています。

> 『「縮約」を実際に用いてみると、予想以上に学習効果が高いものであることがわかってきました。効果の第一は、文章を読む際に必要な読解力と速読力がともに向上していくことです。
>
> 　2,000 字程度の文章を縮約するには、初めのうちは 5,6 回読み返さなければなりませんが、慣れてくると一度読めばできるようになってきます。子どもたちは練習を積めば

> ### 「縮約」の意味と効果
>
> ■読んで大意を掴む……理解力・読解力が身につく
> ■その箇所、その文の位置付け、意味を考える
> ■言葉にこだわる……一言一句を吟味する習慣が身につく
> ■決める……優先すべき箇所はどこか
> 　　　　　　削除しても構わない箇所はどこか
>
> ⬇
>
> 真の「読解力」が向上

積むほど、縮約文が早く正確にできるようになります。読みのスピードも目に見えて速くなってくるということがわかりました。

　一方、縮約文をできるだけ原文に近づける学習は、正確に文章を読むという精読力をも鍛えることになります。効果の第二は、語彙（ごい）が増え、定着することです。原文の語彙を縮約文に盛り込んでいく作業は、語彙を理解するだけでなく、それを使用して文をつくることになり、確実に自分の語彙として定着させていくことにつながります。』
（公文教育研究会：公式ホームページより）

「縮約」は、子供たちに読書感想文を課すよりも、遥かに大きな効果をあげている様子が窺えます。読解力、精読力、速読力、語彙力は、どれもビジネスマンに必須のコミュニケーション能力であり、期待効果は子供たちばかりではありません。

4.3.2 上司の役割、部下の役割

会社には上司・先輩がいるでしょうから、書き終えたらチェックしてもらうことができます。というよりチェックしてもらわなければいけません。

特に注意すべきはメールです。メールは、いちど発信ボタンを押したら、もはや取り返しがききませんから、よほど神経を配る必要があります。便利で簡単がゆえの落とし穴です。

〈上司の役割〉
▶文書作成を指示する
▶できた原稿をチェックし、必要があれば修正する
▶修正が確かに済んだかどうか再チェックする
▶当該文書の発行を承認する
▶同じミス、類似する誤記を繰り返させない

〈部下の役割〉
▶指示された趣旨・目的・内容を理解する
▶原稿を作成する＝書く
▶指示どおりに修正する
▶上司の指示に基づいて文書を発行する
▶同じミス、類似する誤記を繰り返さない

上司・部下ともに最も大切な点は、「同じミスや類似する誤記を繰り返さない」こと、「繰り返させない」こと、すなわちレベルアップしていくことです。

私の知る50代のビジネスマンは、若いころ、上司から「いいか、この真っ赤になった俺の直しをそのままファイルしておけ。次に書くときには、俺がどう直したか振り返れ。そうすれば同じ間違いは自分で未然に防止できるはずだ」といわれたそうです。「だ

からホラ、いまでもちゃんと当時のまま引き出しに入っていますよ」と、その現物を何枚か私に見せてくれました。「あの課長とのやりとりがあって今日の私があるんですよ」

今日ではほとんど見かけない素晴らしい上司です。

4.3.3 セミナー参加

世の中にはたくさんの「ビジネス文書の書き方セミナー」があります。いちど参加してみるのも有益です。

- ◎**対象者を確かめる**……新入社員向け、中堅社員向け、技術職向けなどがあります。自分の中にあるニーズや問題意識にマッチした中身かどうかがポイントです。
- ◎**実践型／トレーニング式かどうか**……講義だけはおすすめしません。本書で繰り返しお話ししてきたとおり、知識よりトレーニングが大切です。
- ◎**実務家の講師かどうか**……講師の実体験に基づいたセミナーがおすすめです。学者・研究者よりもジャーナリスト出身者、現役ビジネスマンです。
- ◎**定評のあるセミナーかどうか**……開催実績をチェックしましょう。過去、何度も開催されているセミナーなら安心です。
- ◎**主催者の信用度**……信用のおける主催者であるかどうかも大切です。研修セミナー会社だけでなく公的機関なども主催していますし、商工会議所・中小企業振興公社などなら安心です。

上記5点がセミナー選びのポイントです。どれでも同じということでもありません。各地にあるカルチャーセンター主催による「文章講座」や「絵手紙講座」は、その趣旨が異なりますから

対象外です。時間的には、1日（9時から17時）で十分でしょう。

　当然ですが、いちど受講すれば即書けるようになるということはありません。少なくともよいきっかけにはなりますし、有益なヒントが得られるはずです。

4.3.4 書き換え・言い換えトレーニング

　これはトレーニングというより「ゲーム」というべき内容ですが、豊かな語彙習得に有効ですから、ゲーム感覚で試みる価値があるでしょう。古典落語の世界に昔からある言葉遊び、しりとりや語呂合わせの類も、日本語感覚の向上、習得に役立ちます。

▶**回文**……竹藪焼けた（たけやぶやけた）、新聞紙（しんぶんし）、ダンスが済んだ（だんすがすんだ）など。古い和歌には、「長き夜の遠の睡りの皆目覚め波乗り船の音の良きかな（なかきよ

言葉の「意味」を考えて適切な単語を選ぶ

重なりが大　「思う」「考える」

「思う」とは、一つのイメージが心の中にできあがっていて、それ一つが変わらずにあること。

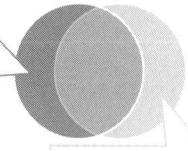

胸の中の二つあるいは三つを比較して、これかあれか、こうしてああしてと選択したり組立てたりするのが「考える」。

重なりが小
「使う」
「費やす」

上記例のように、類似した単語でも
その意味の重なりが大きいものと小さいものがある。
こうした微妙な言葉の意味の相違をニュアンスという。
ニュアンスの相違が理解できないと、適切な文章は書けない。

出典：大野　晋著『日本語練習帳』

のとおのねふりのみなめさめなみのりふねのおとのよきかな)」などという技巧的に優れた作品もあります。

▶**語呂合わせ**……機上の机上で気丈なひと、他意なく対になった隊の鯛、今期も根気で婚期を逸す、春夏冬（あきない）、二升五合（ますますはんじょう）など

▶**駄洒落**……多かぁ（大岡）食わねえ、たった一膳（越前）（落語「三方一両損」より）、この帽子、ドイツのだ、おらんだ、隣の空き地に囲いができたね、へえ、など

◉ 設 問 ◉

職場の親睦を目的に「飲み会」を企画したあなたですが、ただの飲み会ではなんとなく具合が悪いというとき、ほかにどのようなタイトルが考えられるでしょうか。できるだけたくさんあげてみてください。

■回答例

職場懇談会　職場懇親会　職場交歓会　意見交換会　情報交換会　情報交歓会　社外ミーティング　キックオフ・ミーティング　打ち上げ　納会　懇話会　親睦会　茶話会　無礼講　飲みニケーション会　我が社の未来を語る会　明日の活力増進の夕べ　夜の職場懇話会　ナイト・ミーティング　盛り場探訪会　ナイト・マーケティング視察会　いまどき世情調査会　繁華街地域踏査会　酒場研究会　フライデイ・ナイト自主セミナー……

4.3 スキルアップ・トレーニング

◎ 設 問 ◎

毎週水曜日の早朝、若手社員同士の自主的な勉強会を始めることになりました。講師も内容も持ち回りです。どのようなタイトルが考えられますか。

■回答例

自主勉強会　　若手社員勉強会　　朝会　　モーニング・セミナー
ワンテーマ・ディスカスの会　　早朝スタディ会　　朝スタ
スキル・アップ勉強会　　水曜会　　水朝会　　相互学習会
持ち回り勉強会　　ヤング・パワー会　　○○学校　　朝から勝手に学ぶ会　　いまさら勉強会　　目覚め会　　ネムねむ会……

◎ 設 問 ◎

「こうし」と読む言葉をいくつでも構いませんから列挙してください。

■回答例

講師、公私、行使、公使、格子、孔子、公司、公子……

◎ 設 問 ◎

同じく「とうき」はどうでしょうか。

■回答例

冬季、当期、登記、陶器、投機、投棄、冬期、党紀、党旗、頭記……

◉ 設　問 ◉

「お店の従業員」を意味する言葉にはどのような表現がありますか。

■回答例

社員、従業員、店員、販売員、ショップ員、売り子、売り手、勤労者、労働者、従事者、スタッフ、キャスト、メンバー、クルー……

　これらの言葉遊びはひとりでもできますが、気心の知れた同士で出題したりされたり、交互に答えたりすれば、なお楽しいひとときを過ごせるかもしれません。得意先から帰途につく営業車の車中でも、出張中のホテルの部屋でも、どこでもできます。
　ちなみに辞書に掲載されている最も多い同音異語は、「こうしょう」だそうです。交渉、工商、鉱床、高尚、口承、厚相、考証、哄笑、公証、公称、工廠、高唱、公傷、興商、高承、公娼……いくらでも出てきそうです。
　日本語感覚は磨くことで高まり、TPOに応じた適切な語彙選択に資するところ大です。

4.3.5 資格取得トレーニング

　日本語は話し言葉と書き言葉に区分されますが、その境界が曖昧になりつつあるとはいえ、ビジネスシーンにおいては注意を要することが多いのも事実です。

　話し言葉の特徴は、①その場で考えて話をつむぐ即興性、②無駄なことはできるだけいわずに済ます効率性、③話し手と聞き手が時間や場所を共有する現場性、④目の前の聞き手に働きかける対人性にあるといいます。（石黒　圭『日本語は「空気」が決める』光文社新書）

　逆に書き言葉はどうかといえば、考えて考えて推敲を重ね、目の前にはいない読み手と共有していない時間や空間をイメージしつつ、時間や労力もかけて適切な言葉や表現を選択していくわけです。

　書き言葉には、話し言葉にない記録性があるからですが、話し言葉に比べればその分面倒なことですし、苦手なひとが多いのも当然です。

　そこで、自分の日本語力を客観的に把握するためにも、資格試験・検定試験にチャレンジしてみることは有益です。いずれも認定証が発行されますし、何より具体的な受験対策学習のプロセスが、日本語の実力アップに貢献してくれるはずです。外国人を対象としたもの、日本人に向けたもの、いずれも問わないものなど、いくつかが実施されています。

◎**日本語検定（日本語検定委員会）**……漢字・敬語・語彙など、1級から7級まで評価する試験です。

◎**日本漢字能力検定（日本漢字能力検定協会）**……1級から10級まで、準2級と準1級を含めた12段階で評価する試験です。

◎ **BJTビジネス日本語能力テスト（日本漢字能力検定協会）**……800点満点でビジネス・コミュニケーション能力を評価する試験です。
◎ **文章読解・作成能力検定（日本漢字能力検定協会）**……基礎力・読解力・作成力の3分野で評価する試験です。
◎ **日本語能力試験JLPT（国際交流基金＋日本国際教育支援協会）**……N1からN5まで、5段階で日本語能力を評価する試験です。
◎ **J.TEST実用日本語検定（日本語検定協会・J.TEST事務局）**……ビジネスJ.TESTを含む実用日本語能力を評価する試験です。

また、ビジネスのグローバル化に伴い、国内外で日本語を使って仕事をする外国人が急増している現状から、日本語を母国語としない外国人に向けて、どのような教育方法が重要か、専門家の研究も進んでいます。その代表格が「ビジネス日本語研究会」（BJG）で、日本語教育学会のテーマ領域別研究会として2010年に発足しています。

日本人としてもウカウカしていられませんね。

4.4 苦手克服トレーニング

4.4.1 苦手克服トレーニング：パラダイム転換

パラダイムとは思考様式、考え方、世界観のことですが、英語の「パターン」と同義語と理解すればわかりやすいでしょう。様式、仮説、枠組みなどとも訳されます。固定化されているものの見方や考え方を一変させるのです。

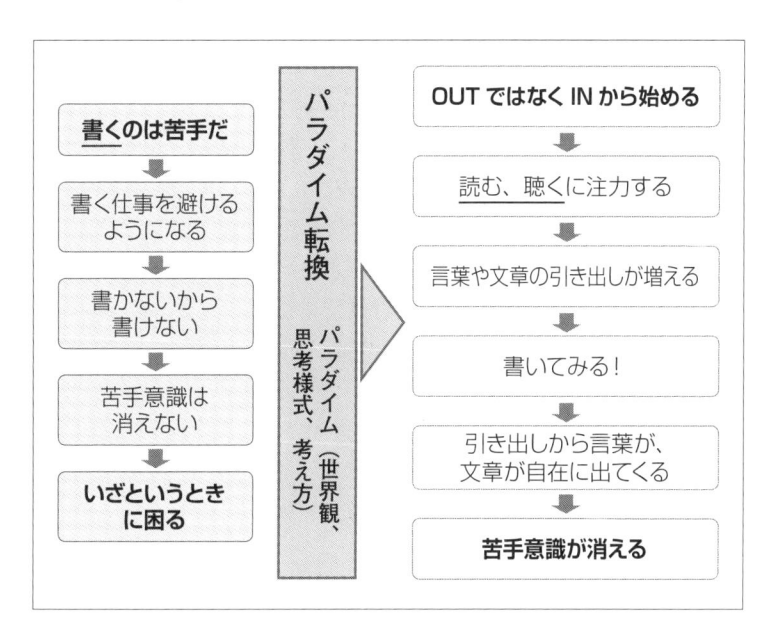

```
書くのは苦手だ
  ↓
書く仕事を避ける
ようになる
  ↓
書かないから
書けない
  ↓
苦手意識は
消えない
  ↓
いざというとき
に困る
```

パラダイム転換（パラダイム〈世界観、思考様式、考え方〉）

```
OUTではなくINから始める
  ↓
読む、聴くに注力する
  ↓
言葉や文章の引き出しが増える
  ↓
書いてみる！
  ↓
引き出しから言葉が、
文章が自在に出てくる
  ↓
苦手意識が消える
```

本書をここまで読み、いくつかのトレーニングを実践してもなお、書くことがどうしても苦手だというひとは、これまでの考え方をガラッと変えましょう。それが〈パラダイム転換〉です。

▶**話し下手のひと**……話し方の訓練より、聞き上手を目指す
▶**書くことが苦手なひと**……書き方の訓練より、たくさん読むことから始める

　話す・書く＝情報の出力＝OUTが苦手なら、聴く・読む＝情報の入力＝INからはじめよう、という話です。
　たくさん読むといっても特別なことは不要です。いまのまま少しだけ努力してください。心がけるべき事項は次のとおりです。

1）新聞を毎日読む。可能なら声に出して読む
　92ページを再確認してください。

2）社内のメールや通知、お知らせ、回覧を注意してよく読む
　以下、私の職場でよくあるケースです。
　若い社員　「……ですけど、……すればいいんですよね？」
　私の回答　「昨日発行された社内通知に書いてあるだろ？ちゃんと読んだか？」
　若い社員　「ちらっと見ましたけど、聞いたほうが早いと思って」
　私の回答　「ちらっじゃなく、ちゃんと読んで、理解して、それでもわからないときは聞きなさい」
　特に若い社員には、こういう指導が有益です。

3）用語や言葉の定義にこだわり、辞書で確認しながら読む
　私が社会人になったばかりのころ、年末に会社から交付された「源泉徴収票」を注意して読んだところ、「収入」と「所得」という似て非なるふたつの語句が記載されていることに気がつき、意味する相違を辞書で発見して、なるほどそういうことかと納得したことがありました。それ以前は単に「見て」いたにすぎず、「読

んで」はいなかったのです。

　源泉徴収票のような公の帳票に誤字などあろうはずもないのですし、わざわざ「収入」と「所得」という文言を区別して使っているからには、それ相応の定義があり、異なる意味を持っているという至極当然のことに気がついたわけです。

「通知」か「通達」か。「健保」か「雇保」か。「残業」と「時間外労働」は用語としてどこが異なるのか。注意して読む、確認しながら読むとはそういうことです。

4）通勤電車の車中で読書する習慣を身につける

　全国大学生活協同組合連合会が毎年実施している「学生生活実態調査」によれば、学生の1日の読書時間は平均30分、まったく読まないひとは4割弱で、統計を取りはじめた2004年以降ほとんど変わらないそうです。これは驚くべきデータです。

　そこで大学生協は、「在学中に本を100冊以上読もう」をスローガンに、この10年あまりキャンペーンを展開しているとも聞きます。これでは多くの若き社会人が、イザというとき書けないのも当然でしょう。

　読まなければ書けないのは「ものの道理」です。書くべきネタ、書く方法、語彙、表現スタイルなど、引き出しのなかのストックを増やすことです。

　いずれにせよここで申し上げたいことは、「読書量（情報量）を増やす」ことからはじめましょう、というパラダイム転換のご提案です。

　書くトレーニングに要するエネルギーと比べ、「読む」ことは遥かに少ない注力量で済みます。書くためには机と筆記用具または机とパソコンが必要ですが、読むだけならどこでもできます。通勤電車の車中でも、ベッドの上でも、その気になればどこでも

可能です。心を構えて椅子に着席せずとも、覚悟なしでも可能ですから、精神的な負担も小さいはずです。

　縁側に寝転んで、届いたばかりの朝刊をじっくり読んでみましょう。週刊誌の広告を眺めるだけでも、おおいに発見があるはずです。

「読まないから書けない」
「書けないから書かない」を、
「たくさん読む」
「読めば自然に書けるようになる」
　に転換しましょう。

　特に、多忙なるビジネスマン各位におすすめしたいのが、通勤電車の車中の有効活用です。スマホも楽しいでしょうが、文庫本・新書本のような小型の書籍であれば、物理的・心情的に重くなく、眠気の撃退にも有効です。無理にビジネス書でなくても構いません。小説でもエッセイでも、趣味の本でもよいと思います。

　私がよくやるのは、週刊誌の中吊り広告のチェックです。うまいなあと思わず唸る見出し、なんのこっちゃというような意味不明のキャッチ・コピー、含蓄のある文言、知らなかった四文字熟語など、発見もいろいろあって楽しい時間が過ごせます。

　　『放射線治療とは、手術療法、化学療法とともにがん治療の中で重要な役割を果たしており、放射線を安全かつ効果的に使うと、がんの治癒や増殖の抑制、痛みなどの症状の緩和が可能になります。』

　上記は、ある大病院の車内広告ポスターに堂々と書かれていた一文です。どこかがオカシイと思いませんか？　賢明な読者各位なら、どこがダメか、すぐにおわかりのはずです。

『放射線治療とは、手術療法、化学療法とともに、がん治療の中で重要な役割を果たしている治療法です。放射線を安全かつ効果的に使うと、がんの治癒や増殖の抑制、痛みなどの症状の緩和が可能になります。』

　このように「私だったらこうは書かないなあ」とか、「こう書けばもっとインパクトがあるのに」などと、アタマの中で勝手に批判したり添削したりできます。「テンはここではなくてこっちだよ」とか、「この文章、きっと若いひとが書いたな」とか。たまたま文庫本もなにも持っていないときの車内での暇な時間の有効活用法です。

　要は、無理に書こうと苦しむより、読む習慣を身につけることからはじめましょう、という逆転の発想です。

神谷洋平（かみや・ようへい）

1949年京都に生まれる。法政大学法学部を卒業。エディター、ライターを経て商社に勤務。30年以上総務人事部門の管理職・役員を務め、現在は横河商事株式会社理事。「ビジネス文書の書き方研修」の第一人者で、成果主義人事制度・目標管理制度・管理職研修・管理職候補者研修・リーダー研修・新入社員研修などの講師経験も非常に多い。中小企業診断学会会員。日本経営士会会員。東京都電機厚生年金基金監事。神奈川県工業教育振興会副会長。多様な視点と明快な語り口、実務家としての真摯な姿勢にファンも多い。

著書には『手紙・メール・携帯どうしたら？事典』『社会人として知っておきたい文書＆メール基本の「き」』（以上、土屋書店）など多数ある。

誰にもすぐ役に立つ ビジネス日本語・文書の本
正確に・洩れなく・速く

発行日	2014年3月16日 第1刷発行
著者	神谷洋平
発行者	古屋信吾
発行所	株式会社 さくら舎　http://www.sakurasha.com
	〒102-0071
	東京都千代田区富士見1-2-11
	電話（営業）03-5211-6533
	（編集）03-5211-6480
	FAX　03-5211-6481
	振替　00190-8-402060
装丁	石間 淳
印刷・製本	中央精版印刷 株式会社

ISBN 978-4-906732-68-5
©2014 Yohhei Kamiya Printed in Japan

本書の全部または一部の複写・複製・転訳載および磁気または光記録媒体への入力等を禁じます。
これらの許諾については小社までご照会ください。
落丁本・乱丁本は購入書店名を明記のうえ、小社にお送りください。
送料は小社負担にてお取り替えいたします。
定価はカバーに表示してあります。